動物國家

我的名字

從動物國家理解臺灣的海洋脈絡

過去，因為當時的時空背景，臺灣人無法學習到屬於自己這塊土地的歷史。許多教室內的學子，可以輕鬆背出中國各省的首府、背出長江和黃河的長度，甚至對「五嶽」的記憶，是中國的「泰、華、嵩、恆、衡」，而不是臺灣的玉山、雪山、南湖大山、秀姑巒山和北大武山。

欲亡其國，必先亡史。當我們用中國視角，看臺灣的過去時，自然會將臺灣視為邊陲，進而忽視臺灣豐富的歷史人文。重新用海洋的視角，檢視我們國家的故事，《動物國家》這本優秀的漫畫，就是從這樣的敘事角度出發。

透過可愛的動物互動，讓讀者看見臺灣在世界上所扮演的角色。本書從南島語系的原住民族、大航海時代下歐洲列強的商貿和殖民、漢人與日本人的交易，逐漸建構出臺灣從海洋而生、在海洋時代是東亞貿易中心的事實。

在歐洲列強擴張、亞洲強權崛起的數百年來，臺灣人一直想要做自己的主人，而不是作為帝國前進南洋、或反攻大陸的基地。這些歷史，雖然現在已經為社會大眾所熟知，但當我們用海洋的脈絡來理解臺灣，便更能夠仔細體察到，我們在印太地區的關鍵位置，以及在世界民主陣營中的角色。

臺灣是一塊族群多元、友善包容的島嶼。有賴於民主前輩前仆後繼地爭取，加上時代的進步，現今自由的環境讓臺灣人得以在多元的空間中創作，逐步挖掘這塊土地的故事。

近幾年來，臺灣漫畫創作越來越豐富多元，從愛情、科幻、搞笑、懸疑等主題，到歷史、社會議題、新聞時事，都是臺灣漫畫常見的創作題材。這是一個日趨成熟且逐漸繁榮的市場，不只有許多優秀漫畫作品在海外獲獎，更有作品透過動畫化、影視化的跨界合作，上架全球級的ＯＴＴ平臺[1]，這些都是臺灣文化向全世界的輸出。

所以，我很高興蠹羊與時報文化重視臺灣歷史。以漫畫創作好吸收、易親近的特質，將嶄新視角的臺灣史呈現給社會大眾。我們作為全球最自由進步的民主國家，透過審視我們的過去，得以更珍惜我們得來不易的民主生活，用紮實的基礎去展望臺灣的未來。

由衷希望世世代代的臺灣人，都能夠深刻了解到自己的歷史，這也是我從政努力打拚的目標之一。相信在文化創作者的耕耘之下，我們是海洋國家、擁有豐富文化的特質，能夠被持續傳承與記憶下去。

中華民國第十六屆總統／民主進步黨黨主席

賴清德

太陽花世代的漫畫臺灣史

我的書架上有一本漫畫書，名稱是《文藝復興與大航海時代》，大概是三十年前購買的，當時我正在讀歷史研究所，在書店看到這本書，覺得有趣就買下。有趣的原因不是它的內容，而是它的表現方式——漫畫。做為歷史系的學生，早已淹沒在檔案、文獻堆積成的字海裡，沒想過漫畫也可以講歷史，但是讚嘆之餘，翻到版權頁，原來是日本出版品中譯，當時就好奇，什麼時候，也會有臺灣人自己的作品？

過了十年，我看到臺灣書商出版了《漫畫台灣歷史故事》，總共有十二冊。這套書現在還在賣，網路廣告的用語是「一次偉大的歷史探險」、「孩子的第一部台灣史」。有沒有成人的漫畫臺灣史？我想起邱若龍畫過《霧社事件》，查了網路資料，原來在一九九〇年已由時報公司出版；網路還提到二〇一二年林莉菁《我的青春、我的FORMOSA》，描繪作者在威權時期的成長經歷，還有二〇一三年小莊的《80年代事件簿》。其實，時報這幾年也出版了蠢羊的「臺灣名人傳記漫畫」之湯德章、巴克禮、馬偕，這些令人景仰的歷史人物，在作者的「漫畫之眼」裡，成為一位抱持信念的漫畫主角，勇敢地走入陌生世界，面對各種未料想過的挑戰，走出自己的路。

第一次看到蠢羊，是在我的課堂上，像是角落生物般隱身在課桌椅裡。當我看到這部漫畫稿，本來以為是一位授課老師要來批改學生的臺灣史報告，但是在閱讀過程中，我告訴自己，必須收斂起老師的習氣，因為我在讀的是蠢羊的臺灣史。他是一個太陽花世代的臺灣人／羊，曾在馬路上靜坐與吶喊，有多少的歷史記憶、時代喧鬧沉澱在他的心靈世界裡。這個世代的人如何看待自身生長的島嶼與歷史，我感到好奇。拋開教科書僵化又枯燥的敘事，蠢羊透過「漫畫之眼」，描繪他心靈世界裡的一個故事，在故事裡，臺灣成為了一隻黑熊，在弱肉強食的叢林世界裡，每一段歷史都是快樂過生活，勇敢向前行的過程，如同謝銘祐的歌〈路〉所唱，「有路，咱沿路唱歌；無路，咱蹽溪過嶺」。

看著太陽花世代的故事，我也會遙想起四一九[2]包圍臺北火車站的悸動，作者在書的結尾寫道：「一本書太短，路卻還很長」。沒關係，至少黑熊們都在路上，即使緩步，也是前進中。

中央研究院臺灣史研究所研究員

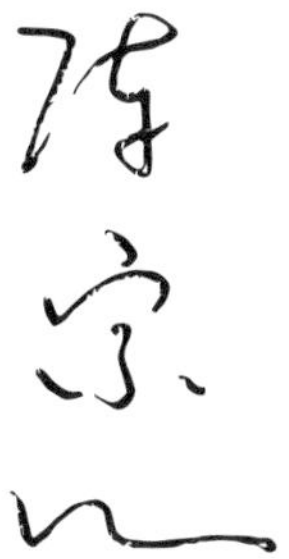

1：網路串流媒體平臺。

2：一九九二年四月十九日政治團體發動群眾，佔領臺北火車站前馬路六天五夜，要求總統直選，四年後臺灣開始民選總統至今。

主要角色介紹

雖然很可愛，但有致命的利爪
跟尖牙，不要招惹比較好。

小黑熊

故事的中心，臺灣不知道、也不是很在意自己的真實年齡，總之活得很悠哉最重要。

清貓熊
日柴柴
Δ 19世紀貓熊的國號是大清。
Δ 實際年齡比看起來大很多。
荷蘭兔
英國雄獅
Δ 女王統治時會畫成柯基。
超晚出現的！
美鷹
歐盟
蘇聯
Δ 聯盟或國協等組織
會用小人來代替。

目錄

一、FORMOSA 與番薯島

哈啊……
抓
抓
真涼爽啊，繼續睡好了……
等等再去找東西吃……
呼嘶…
從有記憶開始，我就生活在這裡。
在山中採集，偶爾狩獵，或者種種小米。

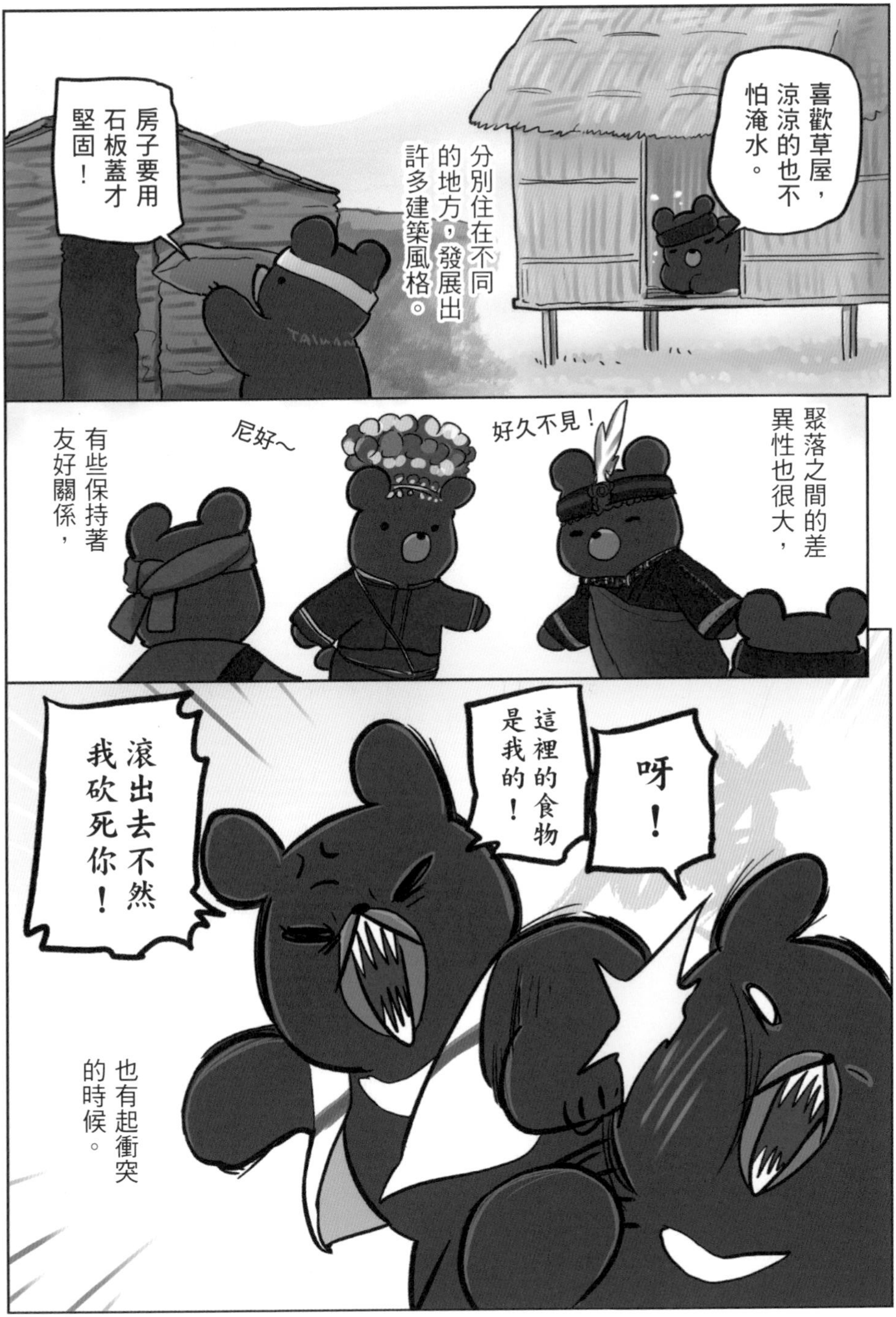
喜歡草屋，涼涼的也不怕淹水。
分別住在不同的地方，發展出許多建築風格。
房子要用石板蓋才堅固！
聚落之間的差異性也很大，
好久不見！
尼好～
有些保持著友好關係，
呀！
這裡的食物是我的！
滾出去不然我砍死你！
也有起衝突的時候。

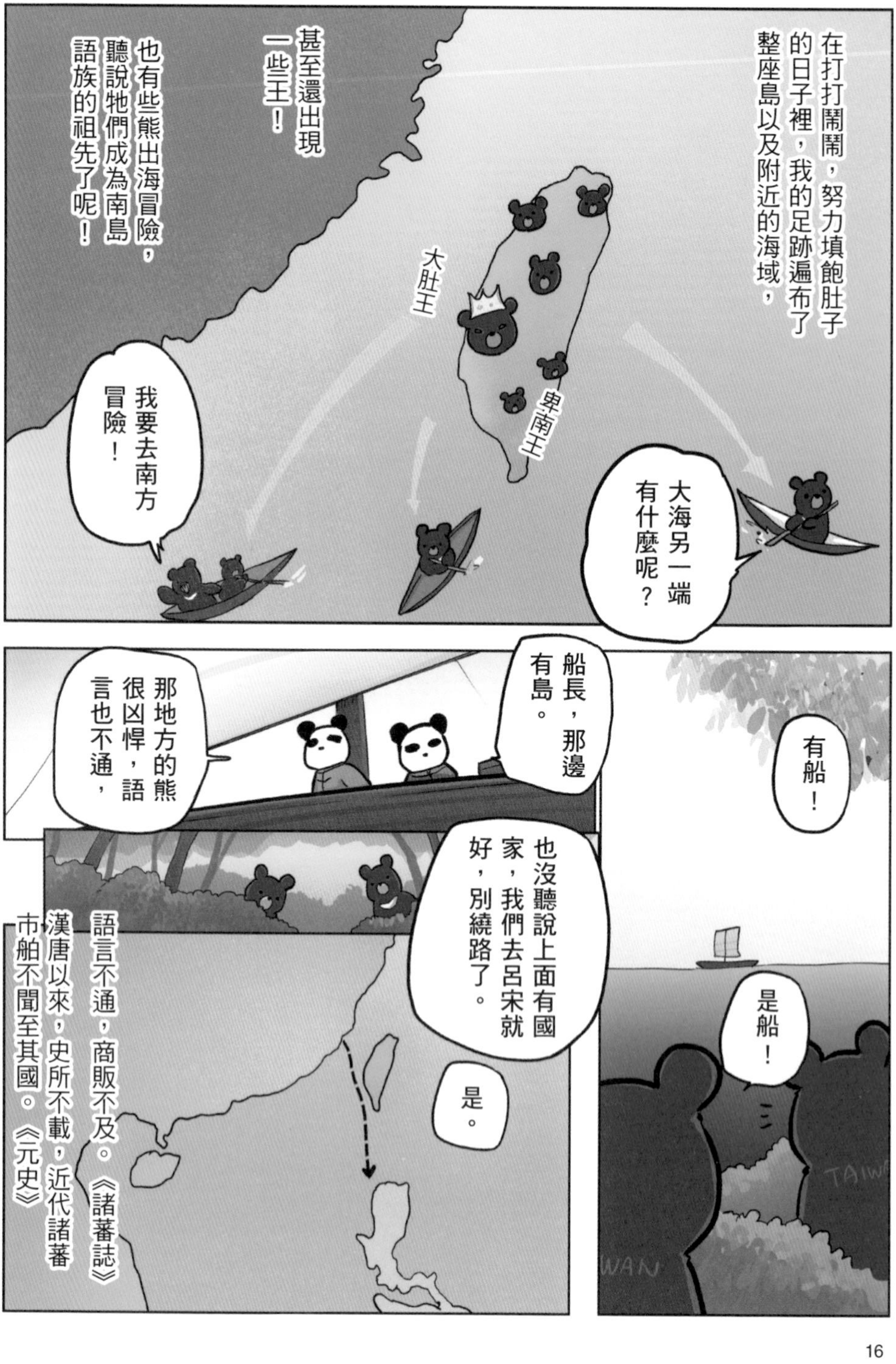
在打打鬧鬧，努力填飽肚子的日子裡，我的足跡遍布了整座島以及附近的海域，
甚至還出現一些王！
也有些熊出海冒險，聽說牠們成為南島語族的祖先了呢！
大肚王
卑南王
大海另一端有什麼呢？
我要去南方冒險！
有船！
是船！
船長，那邊有島。
那地方的熊很凶悍，語言也不通，
也沒聽說上面有國家，我們去呂宋就好，別繞路了。
是。
語言不通，商販不及。《諸蕃誌》
漢唐以來，史所不載，近代諸蕃市船不聞至其國。《元史》

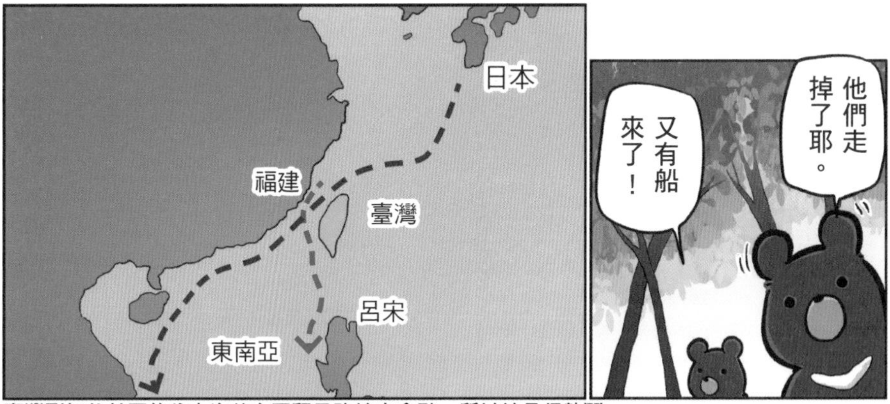

臺灣剛好位於兩條往南海的主要貿易路線交會點，所以總是很熱鬧。

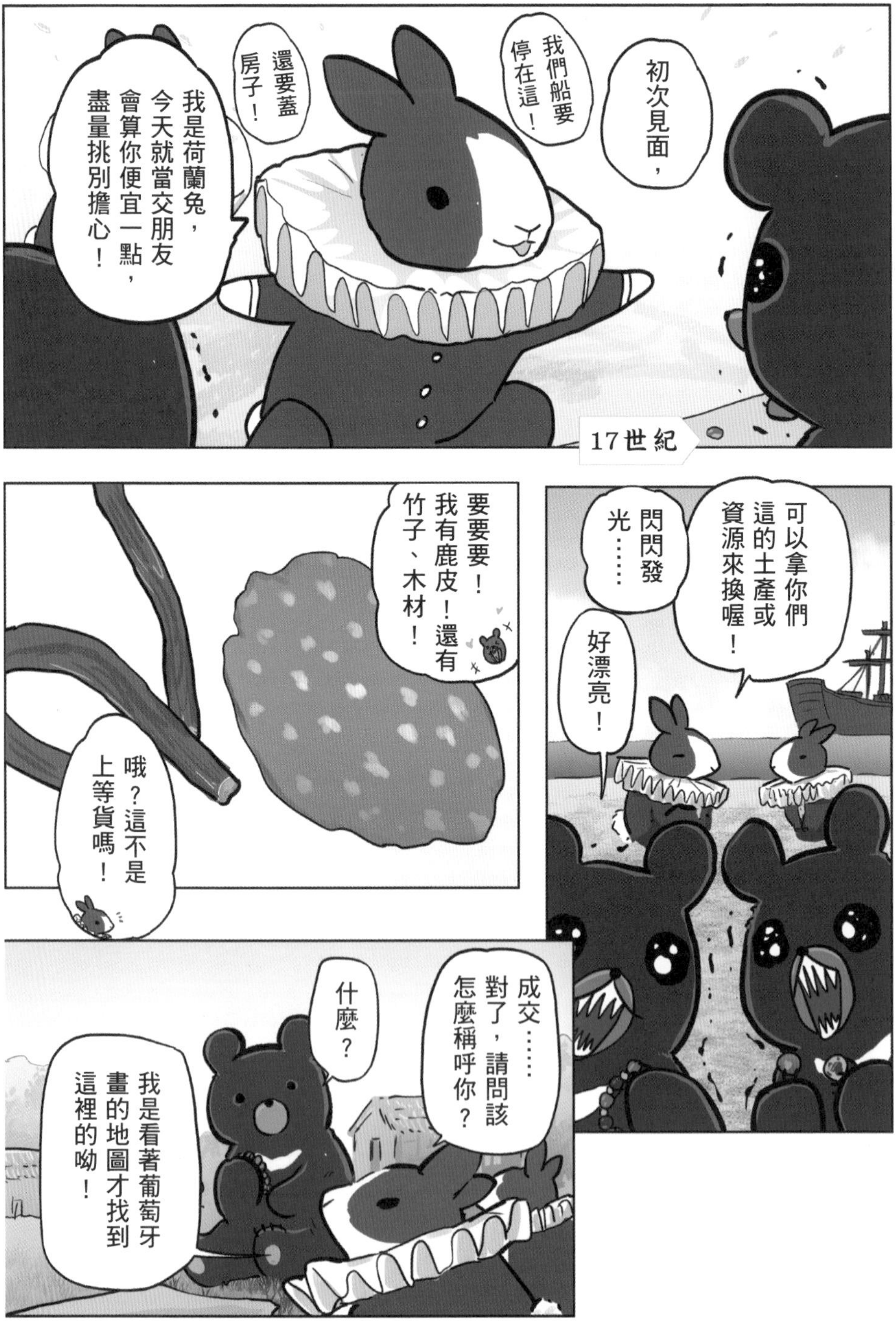
初次見面，
我們船要停在這！
還要蓋房子！
我是荷蘭兔，今天就當交朋友會算你便宜一點，盡量挑別擔心！
17世紀
可以拿你們這的土產或資源來換喔！
閃閃發光……
好漂亮！
要要要！我有鹿皮！還有竹子、木材！
哦？這不是上等貨嗎！
成交……對了，請問該怎麼稱呼你？
什麼？
我是看著葡萄牙畫的地圖才找到這裡的呦！

在他們的話裡「福爾摩沙」是美麗之島的意思。
福爾摩沙？美麗？
怎麼稱呼我都可以啦，總之把那些酷東西給我就對了！
YO你不錯，我喜歡你！
還有你的產品。
我就留下來給你看看更多酷東西吧！
好耶讚！
TAIWAN
荷蘭兔引進唐熊，教導黑熊農業技術，
改良了原來燒畑耕種方式，
唐熊與原住民熊開始通婚，
提高產量後，臺灣開始出產蔗糖、稻米和鹿皮，
從轉口點成為出口自己的產品。
錢錢……
賺到錢錢了！

隨著外國動物在島上貿易活動日漸頻繁，
吸引許多動物國家；十六、十七世紀時，也有福建漁民商人出海來到臺灣尋求賺錢機會。
人手不足得招募更多貓熊了……
隨著貿易活動與人流變多，
貓熊很勤快。
把所有貨物都交出來！
饒命啊！
海盜也日益猖獗。
大人，海倭以臺灣為據點躲藏，若不早日解決……
恐怕問題會更加嚴重啊！
大明官府

海倭中尤以鄭芝龍的勢力最為龐大！
鄭芝龍投降大清，被挾持至北京，最後斬首。
全軍前進南京！
一定要復興我大明帝國！
鄭芝龍之子鄭成功。
鄭軍主力在南京作戰失敗，
甚至連據點廈門也守不住……
可惡，只能往澎湖和臺灣逃了……
你想幹嘛！
鄭成功趕走了荷蘭兔，占領臺灣。
雖然留下一堆鎮妖除魔的傳說，事實上鄭成功來臺一年就病死了。
啊！
死掉了！
鄭氏後人持續反清復明大業，
最後歸順清國，清國從此開始正式治理臺灣。
啊？這地方也太落後了吧！
實在不想管理啊。

18世紀
吵鬧
吵鬧
上面寫些什麼啊？
不知道，看不懂。
官府是幹什麼的？管我們的嗎？
大概吧，不過生意跟活都還是要幹的。
也是呢。
因為米的價格好，許多清熊紛紛前往土地容易取得的臺灣，
每年有十幾萬隻移民熊先後來臺開墾，
許多番熊們因此被迫退居山上。

爭資源（田跟水）、語言，
咿呀！
還有姓氏都是械鬥的理由。
誰准你們上游的把水攔住！
殺！
我們也要種田啊！
大家！番熊又下山來砍人頭啦！
呀啊！
最近又發生好幾起番熊與清熊的衝突……
請大人想想辦法。
真是，一群野蠻又落後的傢伙，
隨便想個辦法好了……對了！
直接把人分開不就好了？

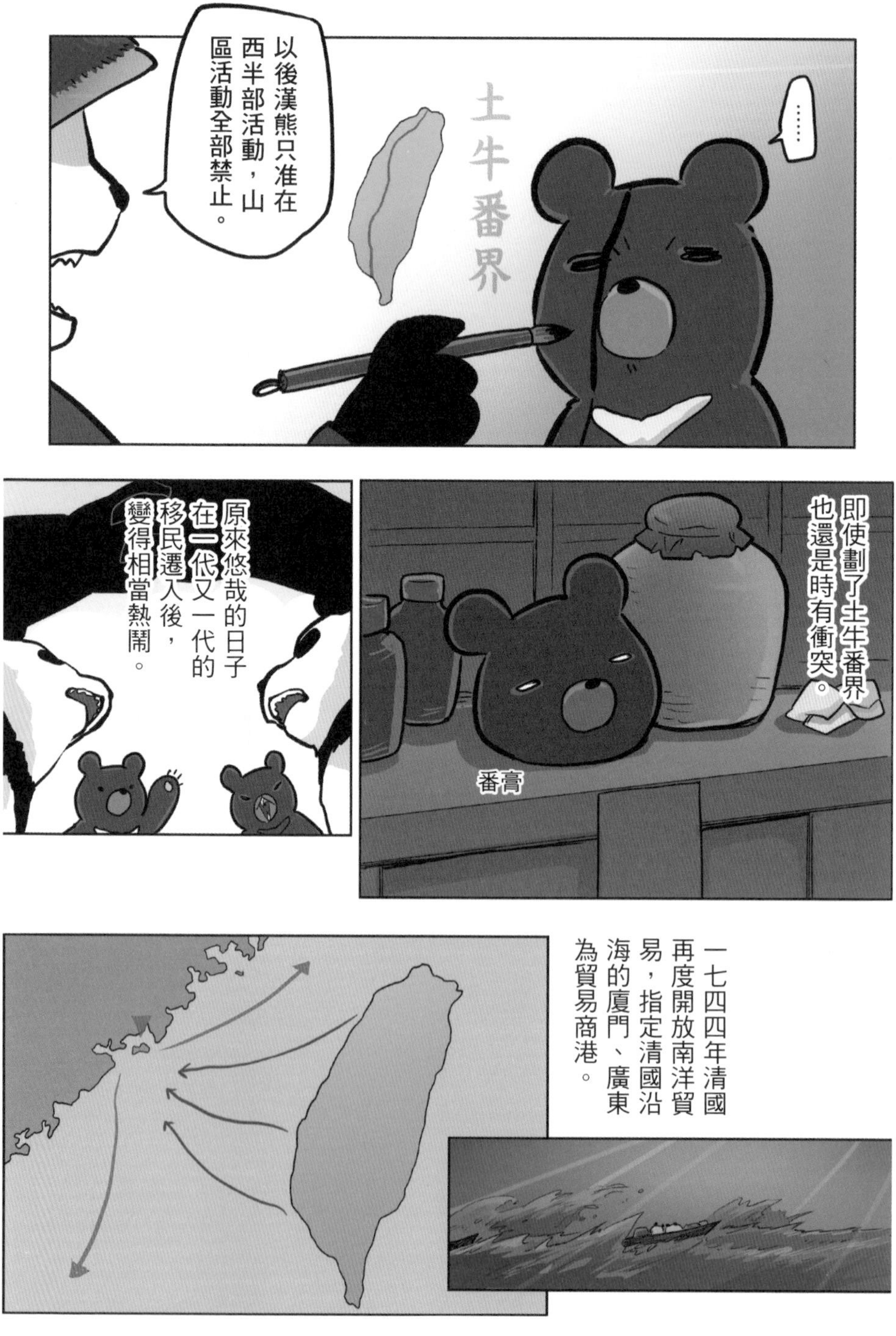
以後漢熊只准在西半部活動，山區活動全部禁止。
土牛番界
……
即使劃了土牛番界也還是時有衝突。
番膏
原來悠哉的日子在一代又一代的移民遷入後，變得相當熱鬧。
一七四四年清國再度開放南洋貿易，指定清國沿海的廈門、廣東為貿易商港。

貨出去，人進來！黑熊發大財！
臺灣各個港灣都市，出現專門與清國沿海都市貿易的地方商人。
錢錢讚！
去更遠的地方，就能賺更多的錢錢！
臺灣商人的足跡可遠至天津、上海、寧波等，
沒錯！
能通的航路就會爭相前往。
19世紀
英法聯軍後，臺灣南北被迫開港通商，
清
清
財
嗨臺灣，我有個酷東西來跟你貿易，要不要？
是啊，這包鴉片送你吸！
吸鴉片？不是藥嗎？
唐山最夯吸鴉片，大家都在吸，你吸一口試試。

繼十七世紀荷蘭後，
臺灣再次被納入
世界經濟體系之中。
呎——呵——
又是你們！
占光平原，
現在連丘陵
山地都不放
過啊？
因為丘陵可以
種植商業作物，
因此商人積極
開發山地，
種植茶葉
和樟腦出口。
ONE POUND CHESTS.
HALF POUND CHESTS.
JUNGLE CHOP FORM
FORMOSA
OOLONG

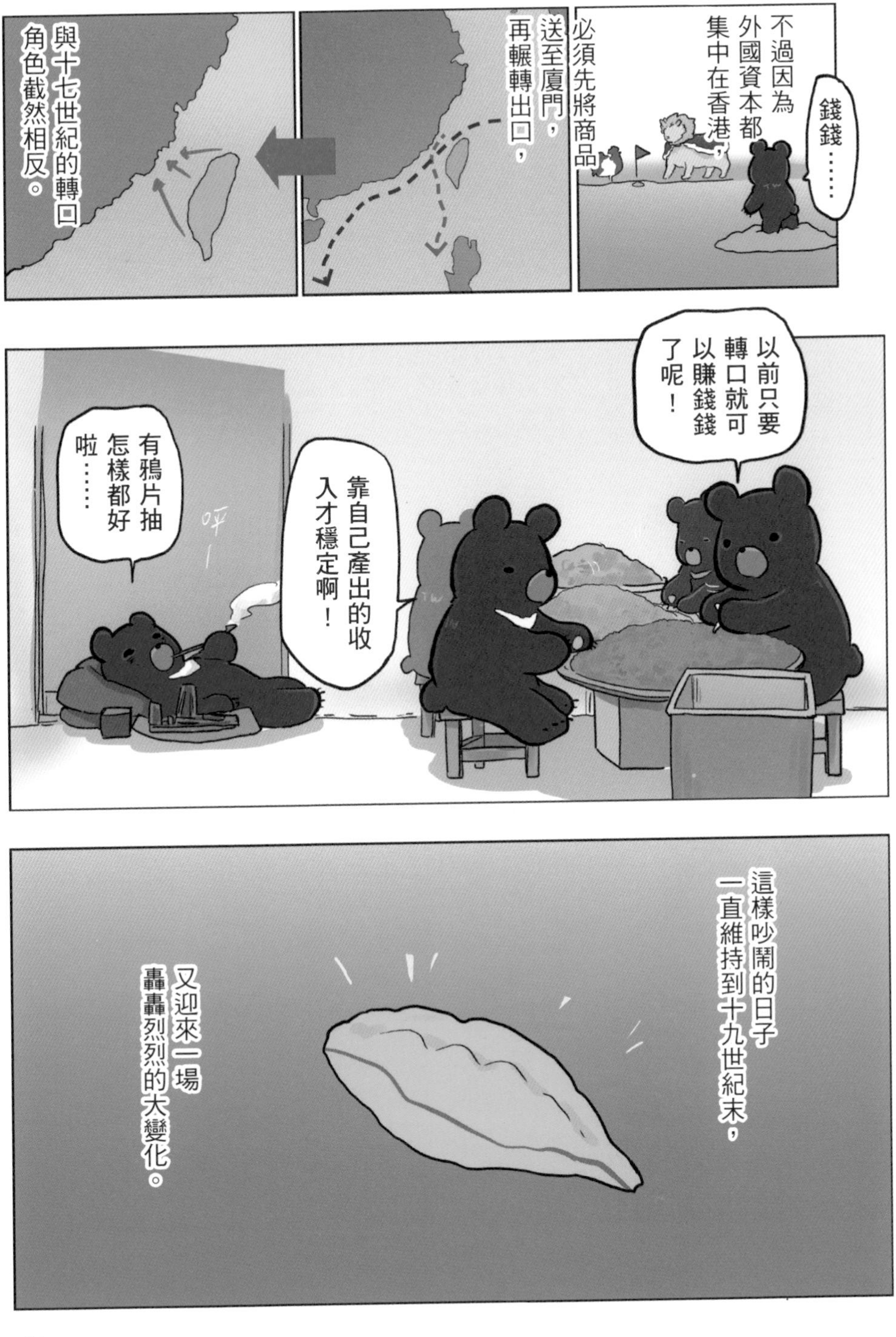
不過因為外國資本都集中在香港，
錢錢……
必須先將商品送至廈門，再輾轉出口，
與十七世紀的轉口角色截然相反。
以前只要轉口就可以賺錢錢了呢！
靠自己產出的收入才穩定啊！
有鴉片抽怎樣都好啦……
這樣吵鬧的日子一直維持到十九世紀末，
又迎來一場轟轟烈烈的大變化。

黑熊小教室

黑熊

黑熊在原住民的神話傳說中常常象徵英勇、強壯，備受敬畏。

渡海來臺的貓熊

隨著朝代自稱唐熊、漢熊等等。通常是單身男性，極少女性，因此常常與臺灣熟番的女性通婚，生下來的還是黑熊外表。

小蚊蟲

殺死的動物遠遠超過黑熊殺的，有夠歹。也是各風土病的傳染媒介。

所有存活的黑熊都是強者！

深受熱病所苦的傳教士。

二、殖民地典範

呼……
今仔日真涼快啊……
喂！大事不好啦！
咱要做日本熊啦！
啥！？
西元一八九五年，日清戰爭中清國戰敗而簽訂了《馬關條約》，臺灣從此被割讓給日本……
快結束這一切就行了……

哇哈哈哈，你是我的第一個殖民地，臺灣！
我要把你教育成殖民地的典範！讓全世界都看到我大日本帝國的厲害！

?!

大家！揍死日本狗子！
哇啊你們幹嘛！
這些臺灣熊太野蠻啦！
軍隊！請求軍隊支援！
已經悠哉又打架習慣的黑熊當然不可能乖乖就範。

你真是欠人管教的野蠻！
而且你好臭！是不是都沒洗澡？全身都是蟲髒死啦！
我哪裡髒啊啊啊不過就是蚊蟲多一點而已！
給我洗澡！環境要消毒！排水跟所有衛生設施優先！
呀啊啊放開我你幹嘛啦！不要不要我不要洗澡！
關於臺灣的調查非常欠缺，我想有必要做一次徹底的調查……
好！賭上大日本帝國的榮耀！進行全島大調查！
在日柴的強力要求下，黑熊開始變得衛生。

之後就用警察來管理你們！
給我好好聽話，否則就來派出所挨棍子！
我一定會把你給教育好的，臺灣！
首先建立起守時的概念！一天有二十四小時！
車站前設置時鐘，學習遵守時間！
不准隨地吐痰！
呸!!
不乖乖打預防針就揍屁股！
呀啊！
啪
啪
啪
啪
啪
△ 那時流行天花，要種牛痘疫苗。

又犯錯！上次才跟你說……
揍你屁股！
呀啊啊—
日柴從九州地區招募大量警察來協助治理臺灣，
雖然改善了許多舊有陋習，
是警察……
快走！
再不聽話就叫警察來抓你！
但也讓黑熊們對警察大人感到恐懼。
哇啊啊不要！
你不會寫字？文盲很多不行啊，
我會設立學校讓你讀書！
這樣才能早日與現代文明接軌！
為了在殖民地推廣日語，日柴從內地招募來許多日本教師，
剛開始有幾位聘請來的日本老師被殺……
我才不要學你那套！
每次衝突日本政府都會採取嚴厲鎮壓，
日治初期各種大大小小抗日運動四起，

但是真正的導火線，是在日本政府大力推行調查時爆發……
你沒有地契嗎？
那就是無主地，該交給政府。
什麼？可是我已經在這裡耕作很久了啊！
林野調查的同時收回了許多熊們的無主地，
造成熊們的生存困難……
恨……
肚子好餓……
日本狗，把我的地還來……
所以一有人帶頭反抗……
西來庵五福王爺已降旨，今年就是日本統治最後期限！
你們要幹什麼！

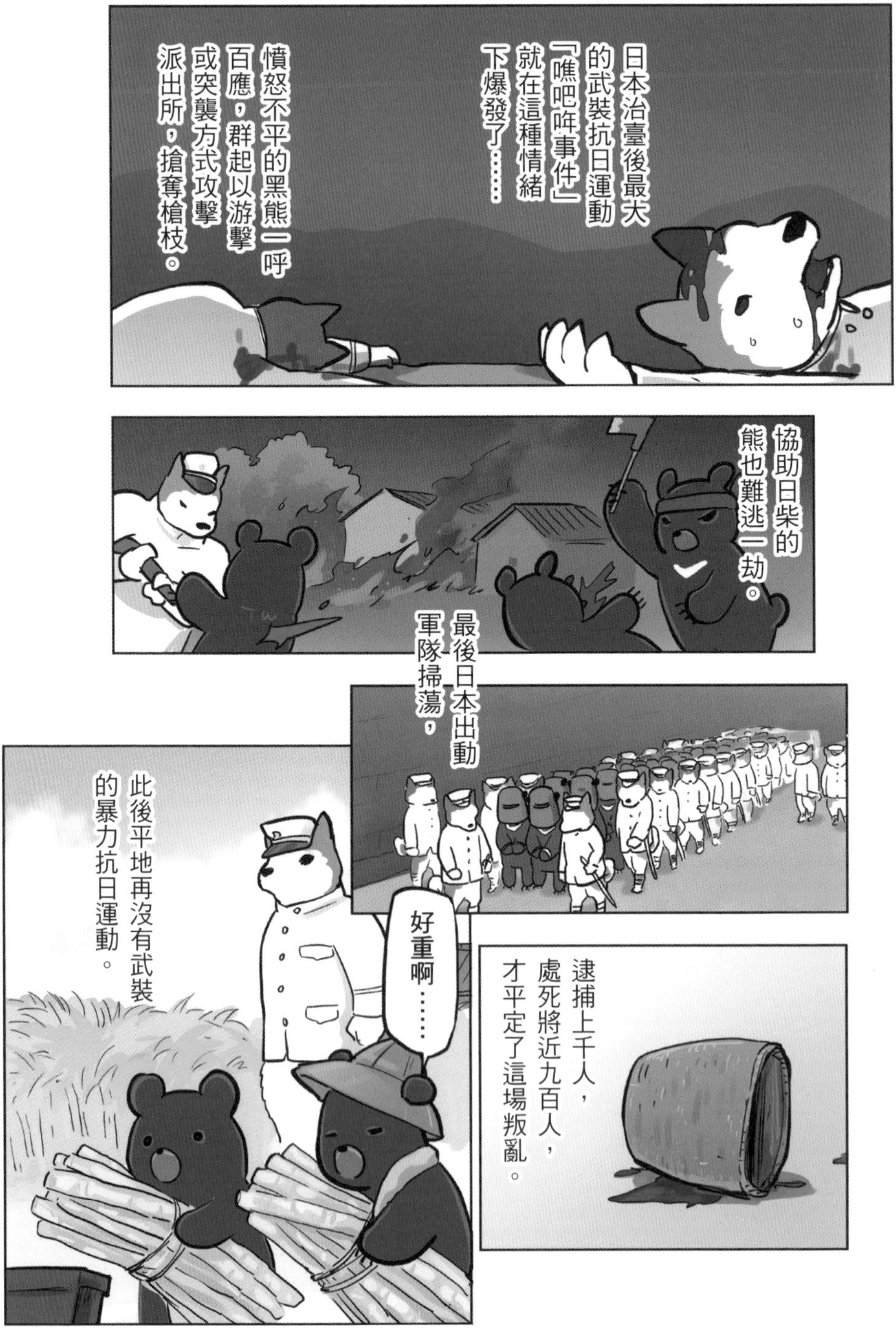
日本治臺後最大
的武裝抗日運動
「噍吧哖事件」
就在這種情緒
下爆發了……
憤怒不平的黑熊一呼
百應，群起以游擊
或突襲方式攻擊
派出所，搶奪槍枝。
協助日柴的
熊也難逃一劫。
最後日本出動
軍隊掃蕩，
逮捕上千人，
處死將近九百人，
才平定了這場叛亂。
此後平地再沒有武裝
的暴力抗日運動。
好重啊……

嘿咻！
日本為了建設臺灣、發展經濟而興建鐵路與產業軌道。
這樣運送甘蔗輕鬆多了呢！
臺灣鐵道線路圖
除了臺東至高雄因人口和開發程度較低，無法完成鐵路鋪設之外，
一九二六年之前已完成全島鐵路建設。
鋪完鐵軌後還得改良路線和增加車輛啊……
好燒錢…
我也想搭火車在島上旅行！
想吃便當！
還有各種私營鐵路，農產品運輸跟交通變得非常方便呢！

哇啊……
這裡就是東京，好厲害啊！
藉由帶黑熊到日本內地觀光，除了對國人展現殖民成功以外，
有東西在天上飛！
好厲害！
也讓黑熊見識到現代化都市的風采。
以前沒有公立學校的概念，比較有錢的男性黑熊才可以上私塾；
日本則廣設公學校，女性也可以讀書，來提高識字率。
日柴與黑熊因使用的母語不同而分開授課，
山區的番熊則另設番人學校。
如此培育出許多成績優異的小黑熊。

臺灣本島的最高學府是帝國大學與師範學校，
因為選擇不多，很多黑熊會前往內地接受高等教育，
我考上內地的大學啦！
恭喜啊！
喔喔！厲害喔！
因此培育出了許多菁英黑熊。
終於畢業了……我要把所學帶回臺灣！
有人帶著最新的知識與設備回鄉服務，
也有為自己熊在法庭上辯護的正義黑熊，
因為不會說日語，法官也都是日柴，所以熊被欺負的案例層出不窮……

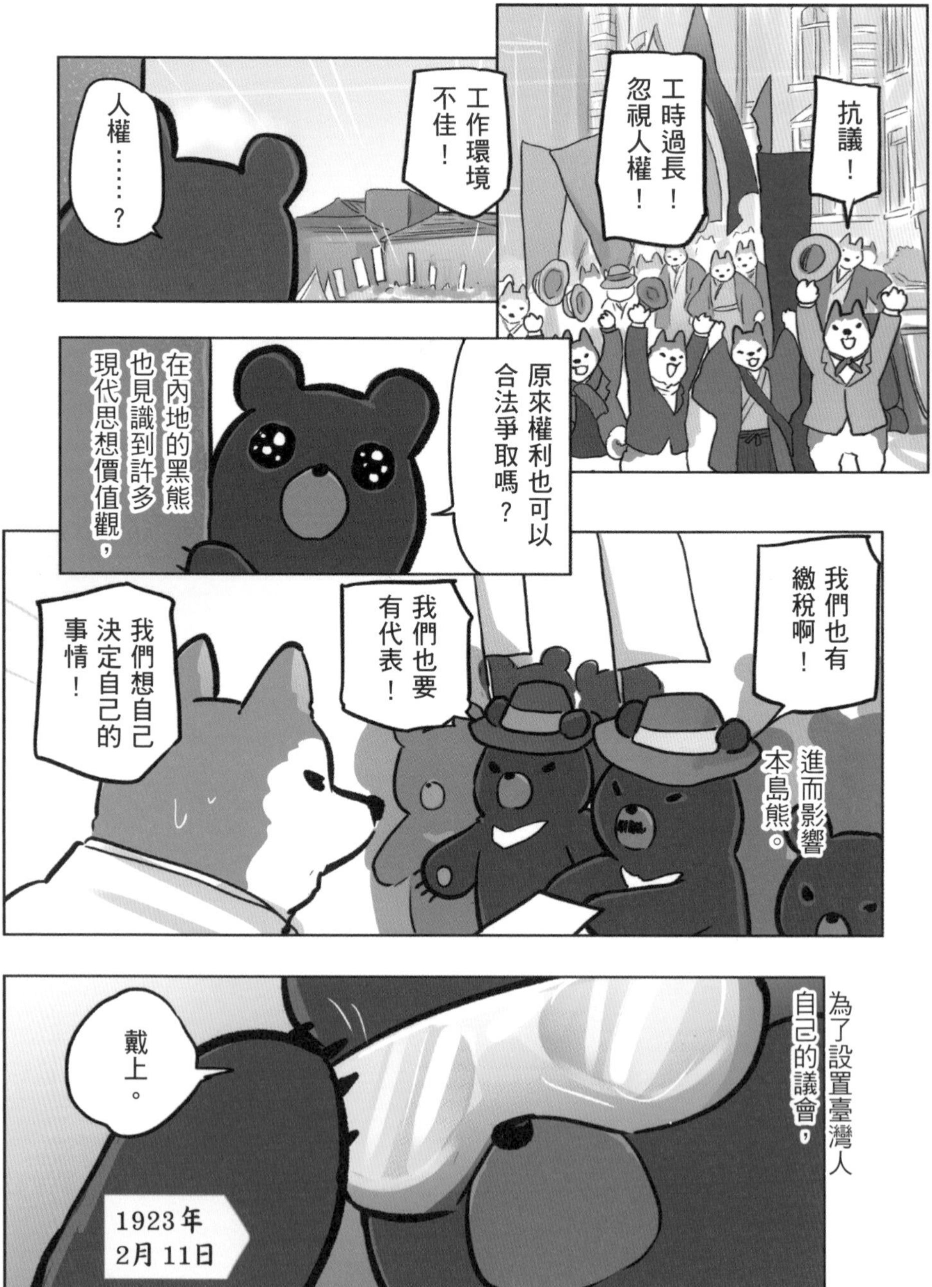
抗議！
工時過長！忽視人權！
工作環境不佳！
人權……？
原來權利也可以合法爭取嗎？
在內地的黑熊也見識到許多現代思想價值觀，
我們也有繳稅啊！
進而影響本島熊。
我們也要有代表！
我們想自己決定自己的事情！
為了設置臺灣人自己的議會，
戴上。
1923年 2月11日

東京市區忽有一臺
飛機飛過，
幾萬張的紙片如雪般
飄落在東京鬧區。
臺灣人三十年來，
呻吟於專制政治
統治之下，
備嘗塗炭之苦，
專制政治
不但違背人道，
而且違背立憲精神……！
臺灣第一位飛行員
為了替家鄉請願，
與日本當局對抗，
被處罰也在所不惜。

十九世紀以來，各國民族主義紛紛崛起，
三民主義大法好！
我們是中華民族！
梁啟超提出「中華民族」後不久，一九一二年中華民國在中國誕生。
臺灣要由臺灣人自理！
當時的臺灣與中國實屬不同國家。
中華民國萬歲！
我也要有投票權！
給我們投票！
有納稅就該享有權利！
1935年 11月 22日
在黑熊們的努力下，少數黑熊終於能參與地方選舉。
終於能投票了！
大進步！

1936年
家家戶戶都要說國語！（日語）
也要安置神棚與神宮大麻！
大家都是天皇的赤子！
日本確定了南進政策。
臺灣的地理位置剛好成為日本前往南洋的中繼點，
因此臺灣擔任日本的後勤補給，
以及前往南洋的跳島。
軍糧跟補給品！
黑熊被以皇民身分招募，
到南洋當軍夫。
跟上、跟上！

哇啊！
番熊尤其擅長森林作戰，因此南洋戰爭中表現相當突出。
做得真不錯。
真厲害啊！
除了支援物資外，
黑熊們家中的鐵也都被徵收，熔煉鑄造武器，
黑熊全部成為支援日本的後勤部隊。
隨著第二次世界大戰的戰場擴張，
野心勃勃的日本開始侵略東亞各地，
！
1941年
偷襲珍珠港
甚至美國……
1945年
!?

一直充當補給點的臺灣本島終於受到波及。
北中南主要城市，尤其是機場與鐵道，都遭受到美國的大空襲。
哇呀啊！
美國加入自由陣線是決定性的關鍵，
日本宣布無條件投降，第二次世界大戰從此結束。

朕ハ帝國政府ヲシテ、
米・英・支・蘇四國ニ對シ、
其ノ共同宣言ヲ受諾スル旨通告
セシメタリ。
……而モ尚交戰ヲ繼續セムカ、
終ニ我カ民族ノ滅亡ヲ招來ス
ルノミナラス、延テ人類ノ文明
ヲモ破却スヘシ……
1945年
8月15日
輸了……
日本竟然輸了……
嗚
嗚
嗚
黑熊們有悲傷，也有高興慶祝的，
不用再當日本熊啦！
耶！
耶！戰爭結束啦！
那我們該怎麼辦？
要看新政府怎麼做吧？
議論
紛紛
更多的是對未來感到徬徨不安。
不過，因為可以脫離長久的日本殖民統治，
新的政府不知道怎麼樣呢？
一定很厲害吧！
畢竟可以打敗那個日柴呢！
大部分黑熊都對未來懷抱有極高的期待。

好痛……
終於安全了。
好餓。
給我站好別亂跑！
喂給我聽話！
呃？真的是他們打敗日柴？
怎麼看起來好像……
二次大戰結束後，臺灣黑熊迎來新的政權，
大概是太累了吧哈哈……
此時的小黑熊還不知道，
？
？
自己已經被捲進世界大局裡了。

黑熊小教室

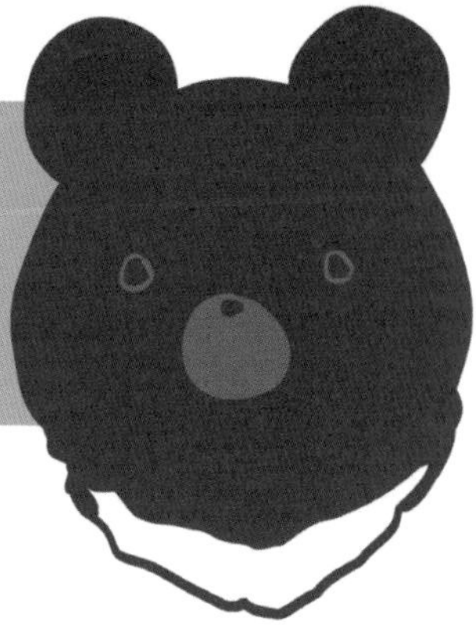

臺灣文化協會

1921 年由一群留日知識分子組成，想要推動議會、想讓臺灣民眾認識世界。他們追趕潮流，教導群眾進步理念與價值觀。還會到處放電影給民眾看喔！

中華民國

1912 年創立於中國南京，1949 年國共內戰戰敗，退遷至臺灣。

內地

被殖民者對母國的稱呼，此時黑熊自認為「本島人」。

三、不自由的民主陣線

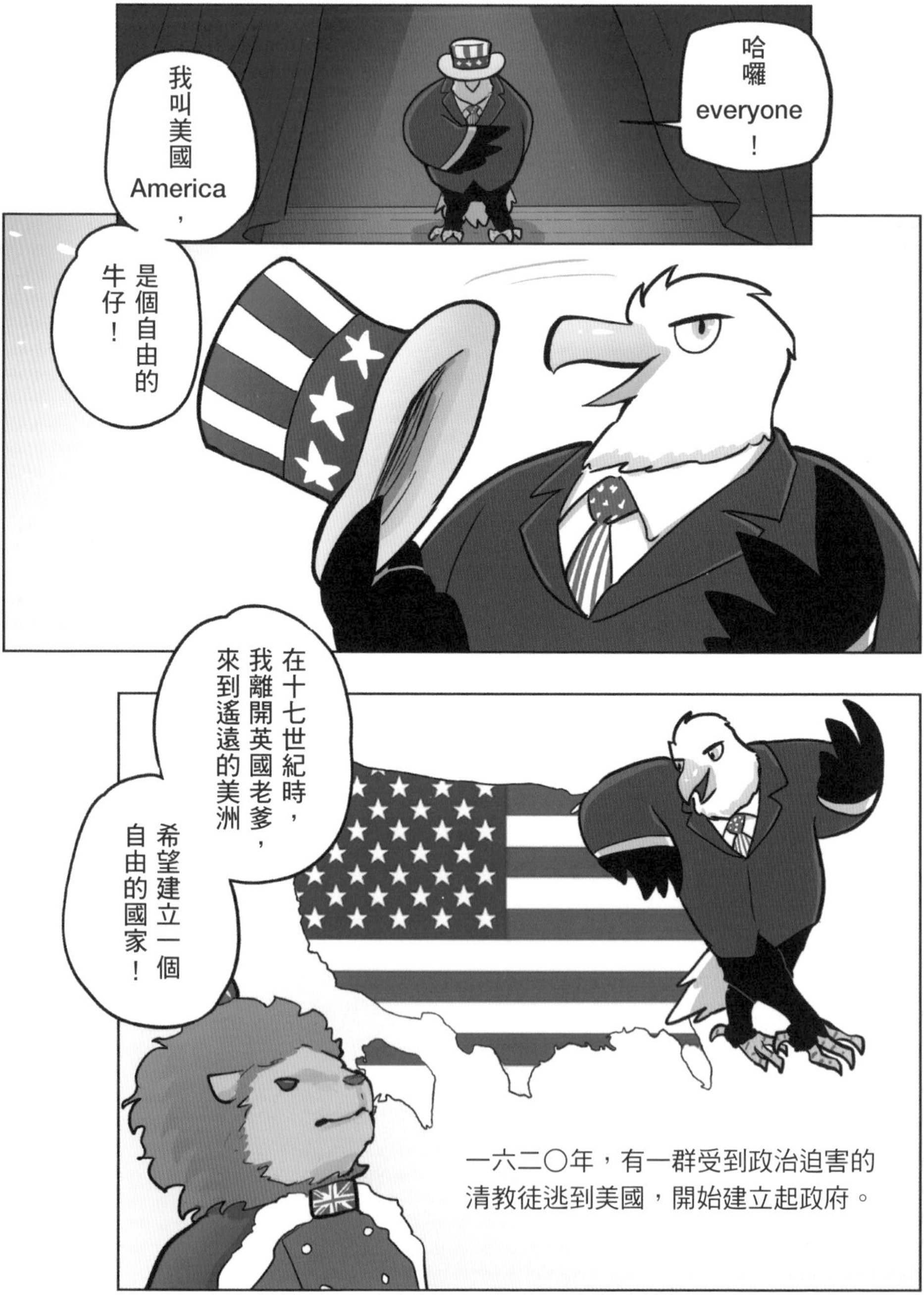
哈囉everyone！
我叫美國America，
是個自由的牛仔！
在十七世紀時，我離開英國老爹，來到遙遠的美洲
希望建立一個自由的國家！
一六二〇年，有一群受到政治迫害的清教徒逃到美國，開始建立起政府。

畢竟這本書的主角不是我，
有興趣了解我過去開墾時幹過什麼事的朋友，可以自行搜尋資料。
然後啊，因為我離歐洲的大家很遠嘛，
所以獨立後沒人會來煩我，
我可以專心種田，
還有內戰。
啊不過這段歷史也很長就不囉唆了。
總之，歐洲那兒發生什麼事也影響不太到我。
那邊好像很熱鬧啊……
1914年
第一次世界大戰

1939年
第二次世界大戰
啊，又打起來了。
歐洲待不下去啦！我們逃去美國吧！
喔，好啊，歡迎來到自由的國家。
歐洲大陸被納粹迫害，尤其猶太人最為嚴重，
MACHT FREI
美國特別歡迎科學家難民，
因此科技實力突飛猛進。
啊哈哈哈好像做出了很可怕的東西呢？
不過也沒有地方可以用的樣子呢！
!?
1941年
偷襲珍珠港

K.O.
長期養精蓄銳的美國投入戰場，加上原子彈的初問世，加速日本投降。
日柴柴！
TAIWAN
1945年
8月 6日、9日
廣島與長崎
太厲害啦！那是什麼武器？
沒看過這麼強大的實力啊！
真拿你們沒辦法呢，如果繼續放任不管，
再出現戰爭的話我會很困擾的。
為了遏止第三次大戰的發生，
美國開始插手歐洲。

短期內的兩次大戰，
造成歐洲動物國家們
民不聊生，
赤字
貧窮與動亂是
共產主義的溫床，
於是美鷹開始了
《馬歇爾計畫》，
美援各國重建工程，
幫助歐洲動物
國家們重返秩序。
舊金山和約
日本政府放棄對臺灣、
澎湖等島嶼的一切權利、
權利名義與要求。
1951年

戰敗的日本正式簽訂《舊金山和約》，
這是一份由有參與二戰的同盟國成員們與日本簽訂的和平條約。

因國共內戰的關係，無論中華民國還是中華人民共和國，都未參與簽署本條約。

日本放棄了臺灣，結束統治，
和約中卻沒寫明臺灣的歸屬，
從此造成了臺灣黑熊在國際上的地位眾說紛紜……
為什麼日柴就這樣離開了？
那我呢？我以後到底該怎麼辦……？

二十世紀初，中華民國建立後共產主義崛起，
殺！
等等！內憂外患啊！
你是我，
你也是我？
我會打倒他的！
在二戰期間兩者時而合作，時而……
老共啊我都簽了和平協議，一起抗日吧……
好啊！
噉噗！
由於中共採取一分抗日、二分應付、七分發展的策略，
很快就把中華民國踩在腳底摩擦。
如果放任中國共產黨壯大，只會變成第二個威脅……
但現在我也沒空去管這麼大的地方。
1949年
快找個地方避難，不然會全滅！
!
中華民國全面敗給共軍，蔣介石退守臺灣。

二戰後，世界儼然分成了民主陣營與共產陣營，尤其以軍事規模僅次美國的蘇聯威脅最大，
蘇聯
美國扶持的日本與臺灣扮演了對抗共產主義的角色。
歐洲民主國家
日本
北韓
南韓
中共
中華民國在臺灣
東南海戰場
因篇幅有限，本書僅介紹與臺灣有關的戰場。

一九四五年國民政府接管臺灣。
看起來也太悽慘了吧？
為什麼要帶小豬啊？
綁腿也綁得很差啊！
中華民國？不就是日本的敵人嗎……？
由敵人來當我們的政府……好擔心。
但是也沒辦法……畢竟日柴輸掉了嘛，只能走一步算一步。
至少先看看這個政府怎麼樣……
全面禁止說日語！
他說什麼？
只准使用國語！不然要處罰！
好像是說以後禁止使用日文，要講北京話。
欸？可是我們又不會說北京話！
怎麼這樣子？
有誰會說北京話？
好歹也教一下啊！
某某局長處的祕書要給誰當呢？
我有個從小一起長大的表弟，給他當吧！
等等等等等一下！
怎麼可以隨便把政府官位給親友擔任？
日柴留下的官職缺額全部由貓熊或其親友占去，

工廠的設備怎麼壞了？
啊！小偷！那是機器運轉的核心啊！
本來沒被轟炸，還算完整的工廠與設備陸續被中國貓熊偷走，
用便宜的價格賣掉換錢，甚至連完整的飛機也不放過，
除了工廠無法運轉，就連生產的米糧和糖等都被送往中國支援戰爭，
或者被官員盜賣，從中揩取油水，
呵呵
餓……
教育程度差距也很多，
為什麼水龍頭裝好後轉不出水？
咳呸！
包含衛生與常識觀念。
日柴柴竟然輸給了這種傢伙嗎？真不敢相信……
剛好都同盟國。
我的腳踏車也被國民黨軍人偷了……
傷害都是比較出來的。
我突然好想念日柴柴喔……

各種不平等待遇造成的情緒與語言不通，最後引發了「二二八事件」。
啊！
媽媽！
1947年
我們要平等！自己決定自己的未來！
由臺灣人管臺灣才對！
好好好！我都答應你們！有話好商量！
請快調派軍隊來支援！臺灣人要造反啦！
各地方自行組成委員會，要與官方談判。
陳儀也藉由談判拖延時間，
日本的高等教育所培養出來的知識分子與菁英黑熊們，幾乎都在這場浩劫中被消失。
臺灣黑熊死的死，逃的逃，更多的黑熊從此不敢再表達意見，自此進入了長久的戒嚴。
本省番薯與外省芋頭，也因此結下了深刻的省籍仇恨。
我們都是堂堂正正的中華兒女！

一九四九年，國民政府敗給共產黨撤退來臺。
全力支援前線！
三年反攻、五年光復！
我們要反攻大陸！
國父革命十一次才成功，
我也要效法這種精神……
課本全部改成中華史觀，
不能說自己的語言，
我不說方言
黑熊陷入了沉默的白色年代。
我是堂堂正正的中華兒女！
即使心中有話想說，黑熊們也保持沉默，
因為政府也鼓勵黑熊們互相檢舉，還有獎金拿，有許多熊成為政治犯，因此被抓走。

跟著國民黨退守來臺的高級外省人占據日本宿舍，
其他的就分塊地，照軍種集中居住，
有的甚至住在墳墓地。
三年反攻
五年光復
俺只是出門買個醬油……
就被軍隊抓來這兒……
俺想念俺滴家人啊！
當初說三年！又變五年！現在都幾年了？俺想回老鄉啊！
放俺回去！俺不要幫你們打仗了！
放俺回家啊啊啊！
活在黨國的控制下，連抱怨的權利也沒有。
長江……黃河？
不曉得是不是真的很長，河水是不是比濁水溪還黃呢？
啊，有一天真想去祖國看看呢。
課本上歌頌的山河是黑熊從未到過的地方，逐漸讓新生態自我認知為中華兒女。

這裡有免費的麵粉喔！還有奶粉！
免費？！
歡迎來教會，我們這裡有食物可以吃！
太好了吧神的使者！
美國雖然忙碌，還是持續提供臺灣各方面援助，
本書作者的家族就是因為免費麵粉信教的。
臺南，CAT航空站
身處對抗共產陣營的最前線，
臺灣負責戰鬥機的維修以及補充，
再次擔任起前往東南亞的中繼點。
這是水果和青菜！
謝啦小傢伙！
巧克力！
帶來不少賺錢的機會。
哇啊牛仔超帥的！
拔槍好帥！
美國新聞處也會播放電影讓黑熊欣賞，
自由的牛仔，
好羨慕……
黑熊首次接觸到美國的自由文化。

消滅萬惡共匪！
驅逐俄寇！還我中華山河！
你們清醒點啊！
我們可是黑熊！不是中國來的貓熊啊！
啪
啪
啪
即使在強力的全面洗腦下，還是有本土派黑熊堅持理念，
說得好！
臺灣事要由臺灣自己決定！
沒錯！
然而當時臺灣依然在戒嚴時期，

許多黑熊因此鋃鐺入獄，甚至被槍決，
有些熊離開臺灣逃到安全的國家，想暫時避風頭，但簽證過期後卻得不到補發，無法再回臺灣，只能流亡海外，成為了政府的「黑名單」。
流浪的人~無厝的渡鳥~
孤單若來到異鄉~
黃昏的故鄉~不時地叫我…
懷念彼時故鄉的形影~

〈黃昏的故鄉〉日曲翻臺文歌曲，文夏。

再累也沒有關係！
要努力賺錢！
學習新東西新技術！
總有一天會有機會……
要回去，那個地方……！
就像當年猶太人逃離納粹的種族清洗一樣，
就算不知何時才能回到家鄉，熊也沒放棄過臺灣，
努力提升自己的社經地位，藉由美國議員對威權政府施壓，
國民黨政府完全無視熊權！
蔣光頭擅自批改判決就為殺更多熊！
也盡力尋求任何能幫助家鄉同胞的機會。

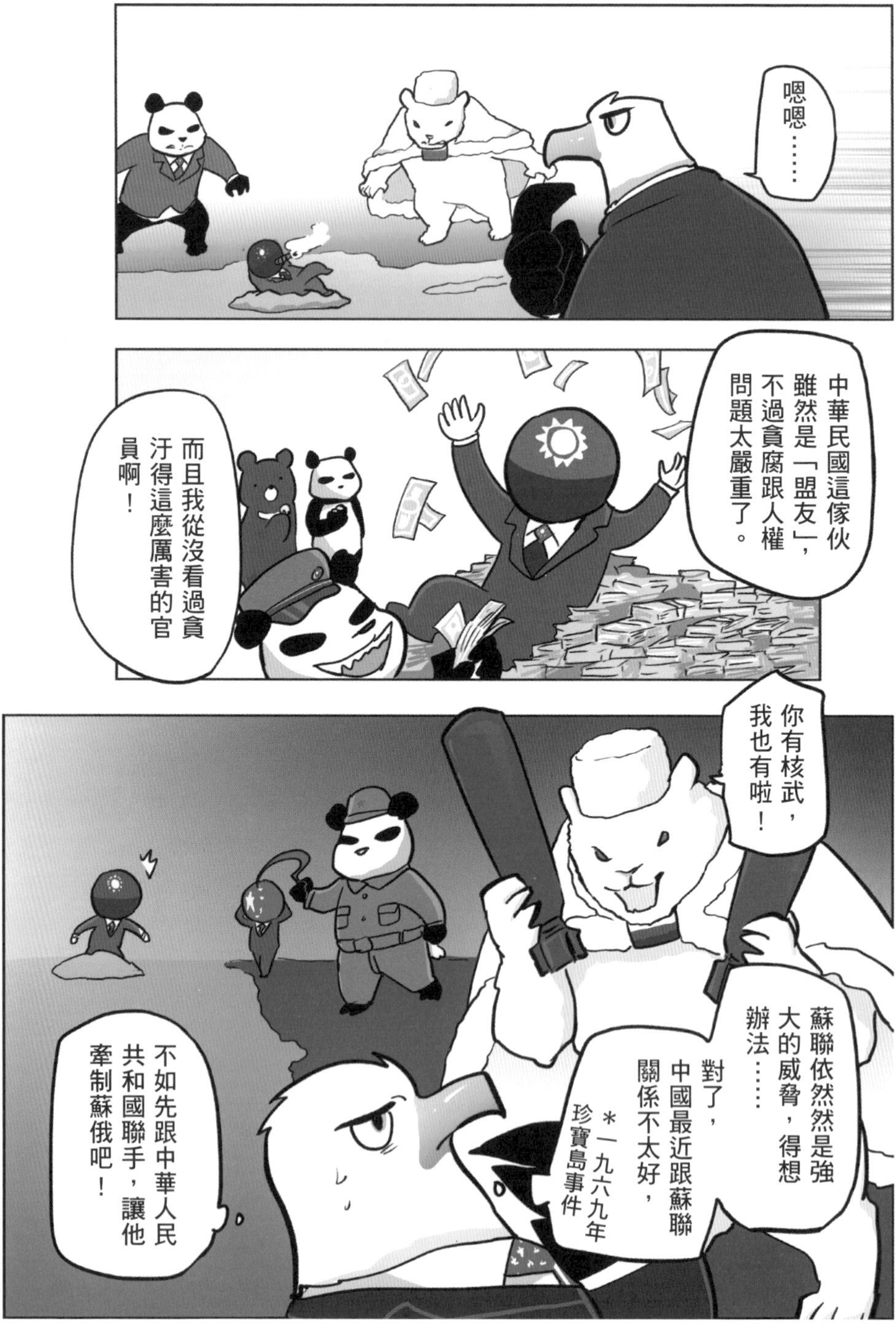
嗯嗯……
中華民國這傢伙雖然是「盟友」，不過貪腐跟人權問題太嚴重了。
而且我從沒看過貪汙得這麼厲害的官員啊！
你有核武，我也有啦！
蘇聯依然然是強大的威脅，得想辦法……
對了，中國最近跟蘇聯關係不太好，
*一九六九年珍寶島事件
不如先跟中華人民共和國聯手，讓他牽制蘇俄吧！

因為這樣所以我要讓中共加入聯合國囉！
其實已經見面幾次都談好了！
怎麼可以跟共產黨聯手啊！
因為蘇聯真的太強了嘛。
讓中共入聯？你要跟他以什麼名義來往？要建交嗎？
但是中國的合法代表是我中華民國！聯合國裡我也是代表大中國啊！
畢竟你輸掉了嘛，不然你用臺灣的名義兩席並列？
整個中國領土都輸給中共了。
漢賊不兩立啦！
慢著為什麼你代表我決定啊！
1971年中華民國退出聯合國
我沒有要退啊！
TAIWAN
那麼以後就請不計前嫌了。
當然，不過我跟中華民國的關係你也知道的，所以……

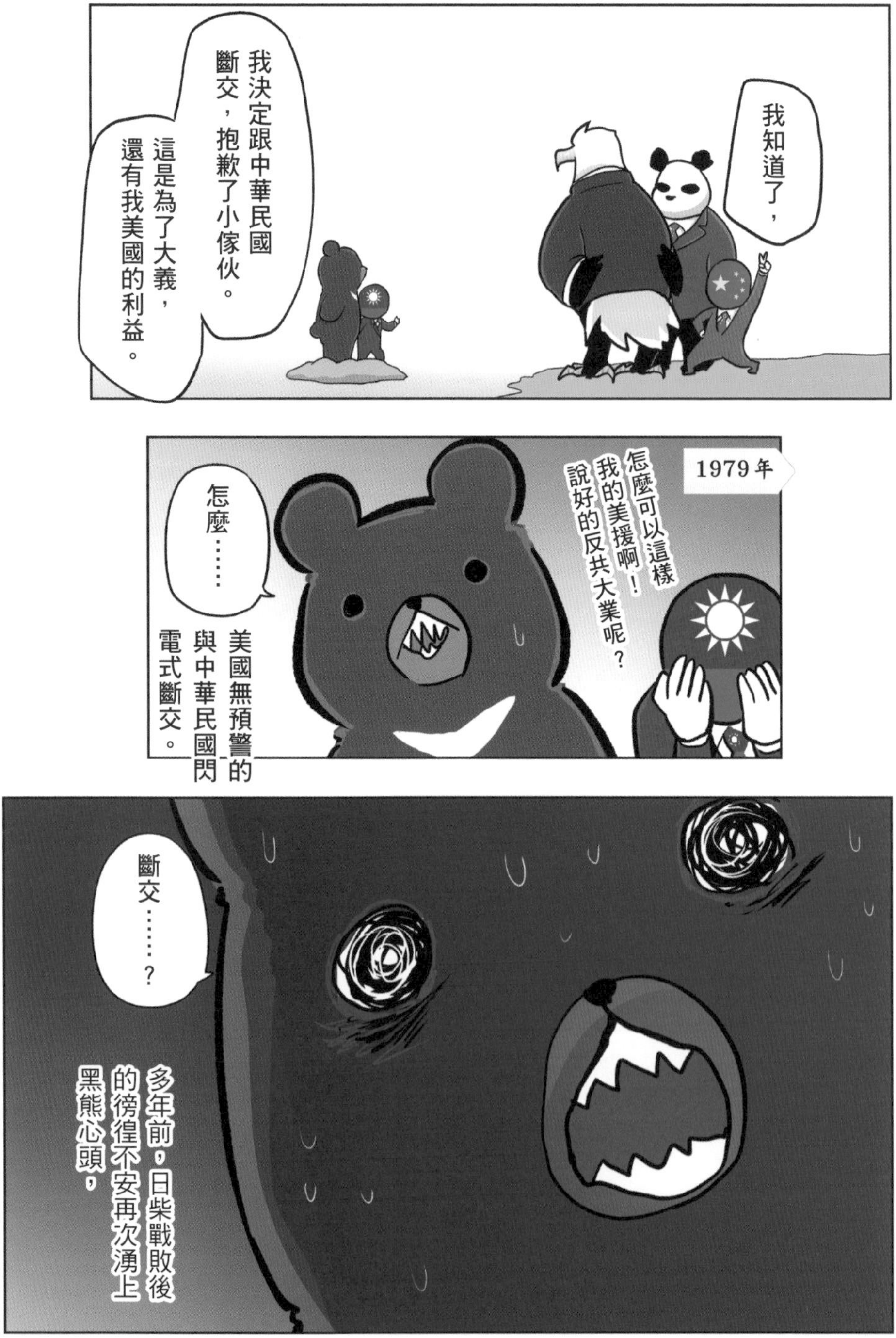
我知道了，
我決定跟中華民國斷交，抱歉了小傢伙。
這是為了大義，還有我美國的利益。
1979年
怎麼可以這樣我的美援啊！說好的反共大業呢？
美國無預警的與中華民國閃電式斷交。
怎麼……
斷交……？
多年前，日柴戰敗後的徬徨不安再次湧上黑熊心頭，

做得真不錯，有你當中繼點真好呢，
這樣我就可以專心對抗共產勢力了。
辛苦了，這是送你的巧克力！
錢錢！鎂！糖糖！
可惡啊啊啊！
你是永不沉沒的航空母艦！
給我節制點不能亂抓熊！不然就扣你美援！
沒關係我還有邦交國……大家還承認我存在的……
美鷹！
謝謝你幫忙救其他熊！
美鷹不跟我做朋友了……？
之後……我到底該怎麼辦……？

黑熊小教室

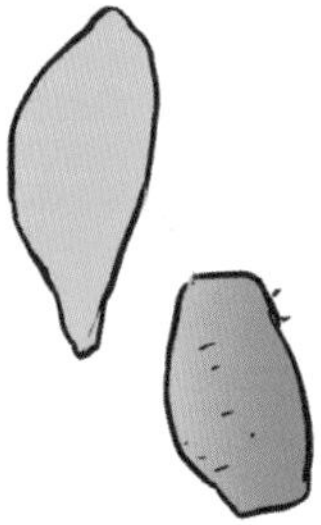

番薯與芋仔

本省與外省人的暱稱，清代文獻亦載有偷渡船隻將人丟在近海泥沙地稱作「種芋」。臺灣因為形狀像番薯，在日本時代，中國不承認被日本統治的臺灣，臺灣人在中國會稱自己是番薯人。

只要寫報告
就有錢拿。

職業學生

戒嚴時期海外人士的一舉一動都被黨國培養的職業留學生監控，列在黑名單中的人的護照到期後不予加簽，便不能返回臺灣。

黃金傳說

中華民國的軍隊撤守來臺時，攜帶了一筆數量可觀的黃金以及故宮的國寶，但是年復一年的軍費支出相當可觀，主要還是靠美援。

打仗很燒錢，
給我軍費！

又要？
上次不是才給嗎？

四、在「真民主、真自由」之前

這個就是蓋印章的嗎？
盯—
對啊，我來教你怎麼投票吧，
不過只有符合資格的才可以投。
黑熊第一次接觸到選舉，是日本時代。
嗯嗯
四百萬人中只有兩萬八千人有投票資格。
雖然沒什麼用，但可以自己投票就是爽啦！
對啊！
中華民國來臺後，
拜託拜託！
懇請鄉親父老多支持~
雖然一開始由黑熊自己選出地方議員，
但這些議員幾乎在二二八中被抹除殆盡，剩下的必須逃亡才能免於一死，
此後的選舉主要由中國國民黨推出的人勝選。

選舉有兩張票：選票跟鈔票。
選舉舞弊的狀況司空見慣。
因年代不同，幣值也不同，此處拿現代大鈔示意。
世賢，投議長時一票是三萬元，
咱都是女的，算妳兩萬就好！
甚至還有公定價。
在當時，想要順風順水，不受到欺負，就一定要加入中國國民黨，
當然選舉也幾乎都是國民黨推舉的熊選。
感謝鄉親賜票！
感謝再感謝！
雖然心中有怨言，
感謝！
但都因為《懲治叛亂條例》而不敢出聲。
感……
《懲治叛亂條例》這條惡法是賦予政府壓制不同意見者的主要工具，
尤其是第二條第一項規定，處死了許許多多無辜的黑熊。
俗稱為「二條一」。
TAIWAN

無奈的黑熊認命乖乖工作、努力賺錢。
為什麼電視上說要檢舉匪諜？
什麼是匪諜？
囡仔人有耳無喙！
不要問問題乖乖吃飯！
喔……
作業寫一寫早點睡，明天要去教會！
保持沉默，安安分分的過日子……
！
那是教會的報紙呀！
你們怎麼可以沒收！
從十九世紀就開始印製的《教會公報》，由於禁止說方言的政策
又刊登了二二八事件的相關報導，因此被警總盯上。
政治不該干預宗教！
還我報紙！宗教自由！
當然，並不只有這些原因……

1825期《教會公報》

由於與美國往來密切，自然有許多美國教會來到臺灣傳教，
透過國際宗教組織，牧師們將臺灣人權遭受迫害的事實傳達到國際。
牧師！救我！警總跑來我家要抓我！
這是我們準備的假護照，你快點離開吧！
太感謝牧師了！
也有牧師藉由外國母會，幫助被警總追殺的黑熊潛逃離開臺灣。
後來牧師也被國民黨驅逐回美國，不得再進入臺灣，甚至有少數牧師在家鄉繼續遭到跟監。
如此高壓環境下，黑熊們避談政治，專心於工作與生活。
賺了錢錢就是要買！
咖啡真好喝！
安靜的過日子……
1977年
欸，聽說了嗎？

這次有個脫離國民黨出來自己選的！
啊？真的嗎！
聽說是因為不太聽話才被開除黨籍呢！
什麼？這一定要挺的啊！
剛好他在招競選志工！
行，來去鬥相共！
我去找我同學來！
不能只有一個黨在選！
臺灣要給臺灣自己管！
聲勢真大，不妙啊……
沒關係，絕對不會給他當選！
咱來去監票，不然國民黨擱出漚步……
絕對要幫自己人……？
不許靠近投票所！
啊！你們要幹什麼？放開我！
不好啦！警察守在投票所外抓人啊！
怎麼會？！

其他投票所內
！
喂！你在幹嘛？塗改選票啊？
嘖！
警察！選務公然作票啦！
為什麼要抓我
明明他公然犯法！
混帳！放開我！
一張張投給黑熊的選票被塗改成廢票，
前來幫忙的志工和學生也陸續被抓。
太過分啦！好不容易有機會的說！
這次絕對袂使放伊煞！
走！咱來去警察局救人！
放走學生！
中壢警局被憤怒的黑熊們包圍，
警察亂抓人！
混亂中警察開槍打死一名學生，
從此在學生心中種下了火苗。

可惡！政府太過分了！
忍不下去了！想做點什麼啊！
那我們來寫文章，記下這些事吧！
好耶！然後散播出去！
印成簡單的小報好像很讚！
這股火苗從校園內開始燒起，
加入的學生熊越來越多，
逐漸形成了組織。
為什麼這樣就違法？
警告 行為違法
說好的憲法保障自由呢！
自由的世界潮流！
爭取權利！
自由枯乾的草原，一點火就會熊熊燃燒，
學生黑熊們有的寫文章，有的演講，有的上街頭。
1979年1月1日
喂喂！發生大事啦！
！
美國突然無預警跟咱斷交餒！
說要跟中共建交啦！
啥貨！怎麼會這樣！
么壽喔！
來去抗議喔！

停止戒嚴！響應國際潮流！
不開放的話會跟不上世界的！
老闆，今天有嗎？
除了陳抗以外，
跟我過來後面。
要辦遊行啊……
當時的小說、雜誌、報紙或字典等……各種書都必須經過政府批准或修改才能販售，
許多書店會偷偷販賣政府不准出版的雜誌，
而這些偷偷販賣的刊物裡以《美麗島雜誌》影響最深。
1979年，高雄
我們是這座美麗島的主人！
臺灣要做自己的主人！
哇啊！
你幹嘛突然打人！
碰！
啊！
被包圍啦！
糟糕！中計了！
可惡！
POLICE
呀啊！

喂，雖然我把臺灣交給你管理，
但是不代表你可以為所欲為的亂抓人啊。
這樣只會在國際上給我丟臉而已！
你的人權觀念被我說幾次要改了？
快點把那些黑熊放掉！
人權很重要！
在先前被迫離開家鄉，到美國去打拚的黑名單熊們聽說這件事後，拚命遊說議員……
最後終於將要判死刑的黑熊從槍口下救回來。
太好啦！
人沒事就好……
可惡，這些在美國偷打報告的混帳……
唉一定又要被媽媽唸了吧，
沒事，老美跟日本都在幫忙，不會讓他們動你一根毛的！
你家裡就不要擔心，有夥伴去照顧！

呀啊啊啊啊啊啊！
1980年
2月28日
林宅血案
滅門、被跳樓，各種警告意味濃厚的慘案陸續發生，
哇啊啊啊學校有人死掉啦！
1981年
7月2日
陳文成事件

儘管如此，年輕的學生黑熊依然以各種方式來表達意見……
各位鄉親大家晚安。
我是其邁，今仔日要來繼續聊解除黨禁……
違法地下電臺！現在要沒收你的東西！
喔幹又來！

被沒收了兩次基地臺。

1986年
尚未解嚴前，一群黑熊冒著生命危險，在臺北圓山大飯店組成了民主進步黨，
國民政府接管將近四十年後，臺灣終於出現了第一個本土政黨。

人權！民主！
本土政黨與美國雙重施壓，
廢除惡法！
改革要加快腳步！
1988年
蔣經國總統逝世，
長達四十年的蔣氏政權終於告終。
不准動！我們現在要依照反叛罪逮捕你！
阿明！
阿母請妳要保重！
政府還是會濫抓無辜，
因為賦予政府權力的惡法「二條一」依然存在。

只要有意圖反政府
就可能判死刑，
為了廢止這條惡法，
1987年
4月16日
我叫鄭南榕！
我主張
臺灣獨立！
有人自焚，
不願被政府
抓走，
1989年
4月7日
阿樺！！
1989年
5月19日
也有人跟著
殉道，用生命
傳達最大的抗議。
趕緊把
火打熄！

不想要寫一篇文章就坐牢，
不想看一本書就被槍斃，
不想要再活於恐懼之中。
李登輝繼任總統，
1988年
他是日本時代培育出來少數活躍的臺灣人之一，
接受過日本教育，
亦留學美國。
嚴雖解，惡法仍存，
舊勢力依然盤據，
許多外省貓熊對此感到極度不滿。
靠著信仰，以及「高超的政治手腕」，
他勉強支撐住外省派系的壓力，
並努力推動改革。

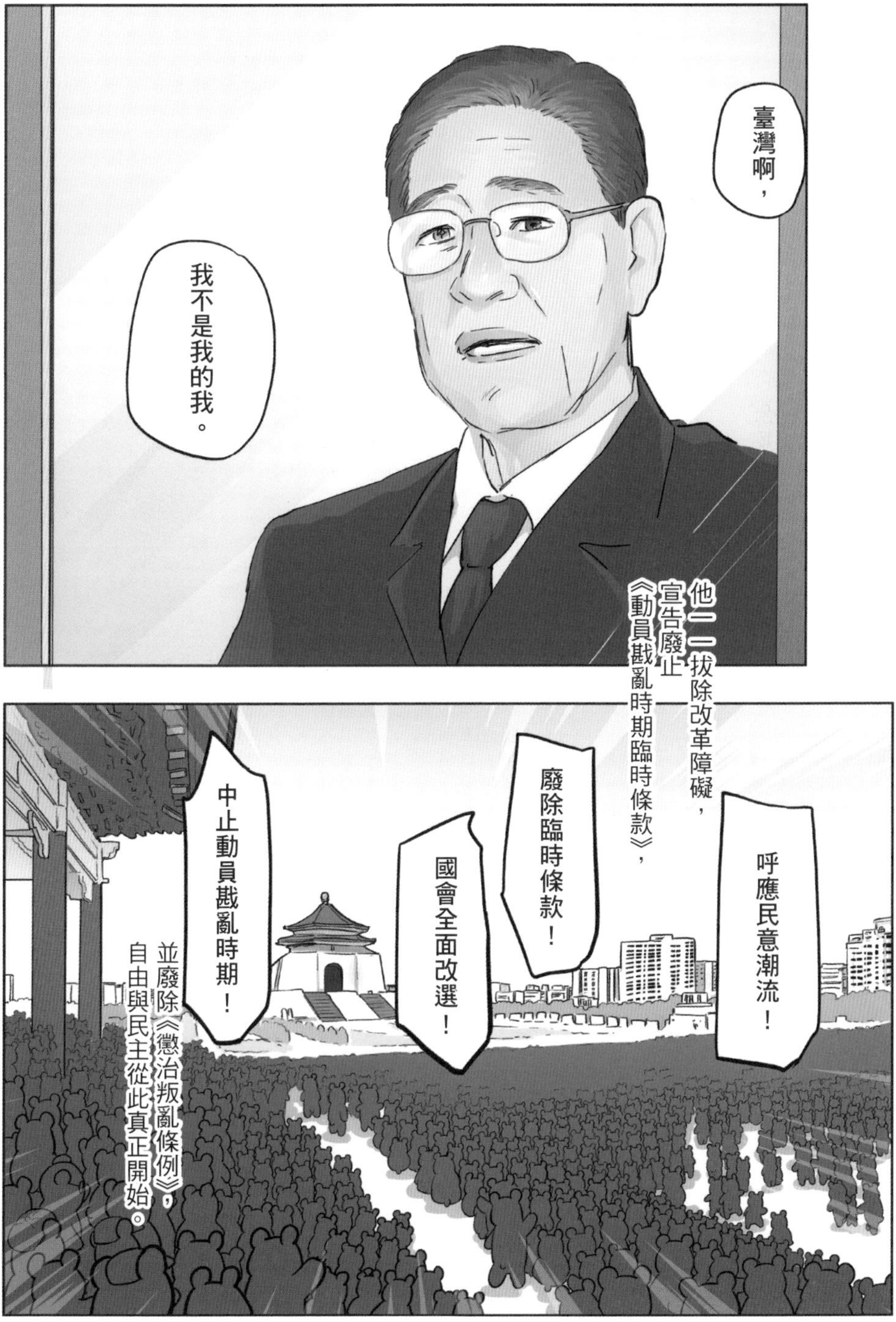

臺灣啊，
我不是我的我。
他一一拔除改革障礙，
宣告廢止
《動員戡亂時期臨時條款》，
呼應民意潮流！
廢除臨時條款！
國會全面改選！
中止動員戡亂時期！
並廢除《懲治叛亂條例》，
自由與民主從此真正開始。

在門口等媽媽一下，不要亂跑。
好。

一九九六年，臺灣舉辦了第一次民選總統，
沙
走到這一步，投下這張票，用了將近五十年。
投完票了，我們去買點心吧。
媽媽，投票是要做什麼的？
是為了自由哦，
等你能投票時，一定要記得來投票。

黑熊小教室

民主先生

臺灣在沒有發生政變、軍變以及大量流血的情況下，完成和平的政權轉移，根本是世界奇蹟，因此李登輝被國際媒體稱為民主先生。

野百合學運（1990年3月16日至3月22日）

中華民國政府代管以來所發生第一次大規模學生抗議行動，最高有近六千名來自臺灣各地的大學生，在中正紀念堂廣場（今自由廣場）靜坐，當時總統兼國民黨主席接見學生代表，之後結束了這場靜坐抗議。

政治犯

對犯罪時有政治目的，或者以政治目的被認罪的人的稱呼。

「懲治叛亂條例」第二條

犯刑法第一百條第一項、第一百零一條第一項、第一百零三條第一項、第一百零四條第一項之罪者，處死刑。

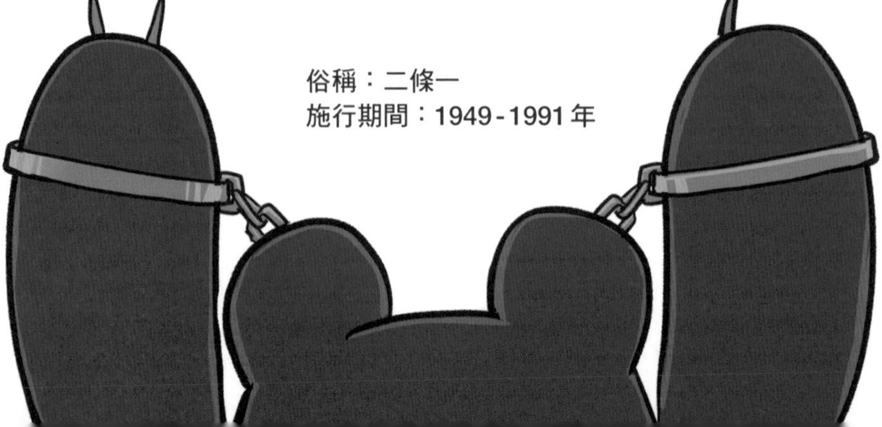

俗稱：二條一
施行期間：1949-1991年

五、永不沉沒的航母

嗯……
亞洲地區較友好的盟軍有臺灣、日本，
南韓要看他心情啊……
偏偏共產勢力都很巨大呢。
可不能讓這些小傢伙們孤軍奮戰。
沖繩、橫須賀、佐世保……還有臺灣海峽都加強巡邏吧。
沖繩
第七艦隊
南韓三十八度線也派兵紮點，
再後面就是關島，諸太平洋上的小島們，
更遠還有紐西蘭跟澳洲。
NORTH ATLANTIC OCEAN
SOUTH ATLANTIC OCEAN

世界已經在短期內經歷了兩次大戰，每個動物國家都需要時間休養……
絕不能再讓共產勢力擴張，引起第三次世界大戰。
也不能讓他們威脅到我國本土，
務必要用島嶼形成的包圍網守住整片太平洋！

而其中最讓人擔心的就是……
面對共產中國的臺灣。
喂老毛，我要揍南韓了！
蛤，你跟老史商量好就好！
1950年
俺要解放臺灣先！
韓戰爆發，朝鮮人民軍進犯南韓。
真是，
如果北韓戰勝，就會馬上威脅到日本，中共也會趁機進攻臺灣。
最後闖入太平洋，
到時候就完全無法收拾了啊。

呦，冷靜點啊兄弟。
臺灣海峽務必保持和平。
！！
！
我以後會常常經過這兒，你的飛彈應該不會打到我吧？
你應該知道打到我會怎樣吧？對吧？
可惡……！
第七艦隊是全世界最強大的海上力量，
UNITED STATES SEVENTH FLEET
READY POWER FOR PEACE
從一九五〇年就開始到東亞各地巡邏，
對對，很好很好，大家要和平相處喔！
其強大武力能有效的讓動物國家們維持和平，互不侵犯，可以說是有如警察般的存在。

嗨，我又來了！
第七艦隊每次經過臺海時會刻意保持在中間的航道，形成了一道中線，
從此形成兩方的界線，互不侵犯。
另一方面，蘇聯的威脅隨著科技進步快速增加，
你有原子彈，我也有！
那就看誰的彈頭多啊！
好啊誰怕你！
結果做出來上萬顆彈頭，可以毀滅世界好幾次。
這樣下去不行！
得快點想辦法解決蘇聯才行！

嘿中共，你最近開始變強了嘛，
蛤啊？
我們是不是可以交個朋友了？
什麼!？
為什麼美鷹跟中共站那麼近？不是敵人嗎？他們在講什麼？
我們可以試著發展點不錯的關係，一起賺錢。
首先要拉攏中共，以免兩者合作，變得更難對付。
好啊，我們僵持這麼久，也該改變了，
不過有個問題得先解決……你懂的吧？
……
好吧，我支持你入聯合國。
等等等等！
我才是正統中國啊！

1971年
聯合國
為什麼列席有兩個中國代表？
好像是內戰分裂？
Japan
People's Republic of China
Republic of China
哇要正面對決了嗎？
TAIWAN
漢賊不兩立！
美國支持中共加入，沒辦法。
啊被趕出去了。
快滾吧你這魯蛇！
真的不用臺灣名義出席啊……
過了很多年
那個，我也是不反對用臺灣的名義加入聯合國啦。
蛤？你都退出幾年了。
哼，這下我就是正統中國的代表了！
CHINA
不過，要完全解決臺灣問題，就要先讓他從世界上消失！
現在承認我中共才是中國就有錢拿！
只要斷交就行囉！
……！

透過利益引誘，
中共與許多國家建立起外交關係，
一個國家就是一票，
因此這些小國家成為中共在聯合國內的投票部隊。
中華民國重新回到聯合國的機會也變得渺茫。
1979年
嘟嚕嚕力……
嗨，這裡是卡特，很遺憾，我國要跟中華民國斷交了，掰掰。
什麼麼麼麼?!
一通深夜的電話，美國與中華民國閃電式斷交。

什麼？這樣誰要保護我們？
拋售房子！豪宅便宜賣！
我要去買黃金啦！
長久以來的盟友關係忽然結束，
黑熊們瞬間陷入焦躁。
自立自強
莊敬自強，處變不驚……
美國真的要跟中共建交了……
隔壁老王全家都移民去美國了，我們怎麼辦啊……
能怎辦，我們有錢移民嗎？
美國與中共正式建交。
TAIWAN
我們從此就是朋友了。
這份聲明簽下去，我們就是朋友了！
要我停止對臺出售武器嗎……
沒錯，你也想真正解決臺海的問題吧？

……
我「認知」這個內容。
哈哈！這就對了，識時務者為俊傑！
acknowledges
哇哈哈美國說不賣武器給臺灣啦！
會和平解決臺灣問題啦哈哈！
嘿！
是？
這是我們國內自己使用的備忘錄。
等到未來必要時就解密它吧。
是。
另外，我也要發表六項保證，不能讓共產國家單方面解釋這份公報。
雖然現在的臺灣可能無法諒解我的決定，
但是，我美國絕對不會破壞對臺灣的和平承諾。
是。
這份備忘錄在三十七年之後解密，內容提及美國絕不會在臺灣自我防衛能力上讓步。
*《八一七公報》、六項保證、雷根總統備忘錄

可惡！
才不會坐以待斃！
沒錯！我們要自立自強！
嗨！小傢伙，我又來巡邏囉！
你在做什麼這麼認真？
探頭
驚!!
哇呀！什麼都妹有喇！
……
沒收。
哇啊——！
嗚 嗚
還不是你跟中共說以後不會賣我武器了，所以……
我只能想辦法自己做武器啊嗚嗚……
嗚
自己就能做出原子彈？
這小傢伙比我想的還厲害嘛。
不然中共那傢伙整天拿一堆飛彈對準我嗚嗚……

要是你真的打過去就又要戰爭了，
總之設備也沒收封印。
啊啊啊！
貼
不過你技術很好，來幫我做點零件吧！
啊？
於是，在美國有意無意的指導與培植下……
噹噹！經國號！
還真的土法煉鋼出來了……
第一臺國產戰鬥機（引擎是美國的）。
真是厲害啊！小傢伙！
摸
摸
未來大有可為呢，總有一天你可以保護自己的。

好我賣你F16吧。
技術有到就解禁。
不是說不賣？
要不要一句話。
要！
在黑熊擁有自我防衛的軍力之下，
兩岸保持和平，互不侵犯，
如此相安無事過了二十年。
1987年
來了！
從臺灣來的飛機！
兩岸開放探親旅遊，
媽媽！我活著回來了！
隨國民黨來臺的貓熊們終於能夠回到故鄉。
阿明啊！
然而回鄉的貓熊面對的是經過了大躍進與文革後的中國，
已經完全是另一個地方。
有些貓熊回到臺灣繼續生活，
中國也有些學生貓熊響應了世界的第三波民主浪潮，
為什麼？因為這是我的職責！
1989年
天安門事件
希望與獨裁的政府對話……

現在中國人力超便宜喔！
咦真的？那我過去賺錢看看！
兩岸也重新開放通商，
土地原物料什麼的都很便宜！
歡迎來中國設廠，還會給補助喔！
有錢錢賺？好啊就算以前是敵人也沒關係！
大量臺商帶著技術前往中國設廠。
真是明理呢！
黑貓白貓，能抓老鼠的就是好貓。
在鄧小平的韜光養晦路線下，
加上語言相通與地理相近，兩岸共創了繁榮的經濟發展，
一起賺錢了段不短的時間，直到……
中华人民共和
万岁
世界人民大团结万岁

我有一個夢，
我要實現中國俄羅斯的偉大復興。
俄羅斯與富強的中國，加上更加不透明的北韓，再次開始蠢蠢欲動。
向東衝出島鏈，向歐洲則併吞以前獨立出去的國家，
與俄羅斯領土陸地連結的國家首當其衝，
我借錢給你幫你建設！港口給我！鐵路讓我蓋！
中國則以大灑幣政策建立起了海上絲路，又稱一帶一路，拿走許多重要港口的據點。

中國會成為美國的威脅！
中國富強後一定會變得民主的！
我們可以賺很多錢！
美國也有許多賺人民幣的商人與擁抱貓熊派學者。
別國的國內事務我也不方便管，就繼續觀察吧。
人民幣真香啊！
美國一直相信，經濟發展會使中國走向民主開放。
如果我想衝出美國的島鏈，一定得先收拾那傢伙……
美國就故意放他在那邊礙我事，該死……
！
臺灣海峽太淺，我潛水艇一下去就會被發現……
平均深度
50 m～100 m

只要拿下臺灣，海域就全部都是我的了！
不用再被關在臺海中線裡面！
到時候我想去哪就去哪不會再被衛星抓到了！
SURPRISE！
!?
2014年
來吧我的兄弟！簽下服貿然後貨貿！我會把你當自己人照顧的！
喂等一下！那個不能簽！
簽了賺不到錢啊！我現在這樣就能賺錢幹嘛要簽？
不可以簽！
而且國共不是敵對的嗎？
服貿
強行通過！
國民黨政府強行通過服貿。
欸幹！
又在亂搞！
議場
TAIWAN
TAIWAN
TW
這次絕不能讓他們亂搞！
衝啊！占領立法院！
TW
TW
警察與學生起流血衝突而引起強大反彈。

那傢伙說簽了會發大財！
騙鬼！絕對不能相信！
可惡！你們要是還想賺我的人民幣的話，就給我乖乖聽話！
對不起，我是中國人。
我很抱歉拿錯國旗……
藝人被道歉，被強迫認同
這批貨不收。
蛤？
怎麼可以突然說不收就不收？我會賠錢啊！
生意人則被卡貨導致損失……
中共逐漸對外顯示擴張的壓力，二〇一九年，通過了《送中條例》
時代革命
ONG KONG·REVOLUTION NOW
今日香港
此法能夠逮捕任何異議人士，並送至中國審判。
因此爆發了香港的反送中運動。
不聽話？
我打死你呀！
中共以武力鎮壓學生。
喂你打小力點不然我不買你的東西
譴責侵害人權。
……
我才歸還香港不到二十年，合約就變歷史文件嗎？
那就是兩岸一家親？
其他國家想幫忙也沒辦法嗎……
看到香港，黑熊才發現自己與中共貓熊的差距非常大。

聯合國
中國的投票部隊太多了，想否定什麼都可以啊……
被反將一軍了……
哼，我短時間就能比你強了！
我跟俄國也是世界大國啊！
冷笑
哦？
吃我一招關稅增10％！！
嗚哇！
對你來說只是零頭吧？那再追加25％！
中國現在是強盛的大國！
我支持取消中國不再享有開發中國家的優惠囉！
欸幹等一下！我的優惠！
哎呀你這大國不是很強？怎麼這樣就要抗議呢？
大國就要負起大國該背負的責任啊！
我也是努力了好幾十年呢！
呵
呵呵呵
可惡……

2018年
美中貿易戰正式開打，兩國關係也隨之急轉直下。
啊啊……
沒想到美鷹真的要跟中共槓上了……應該不會影響到我吧？
瞪！
呀啊！
盯
你要好好加強訓練，武裝自己。
唔，我有在努力啦……
而且我比較想安靜賺錢錢……
真是，完全讓人放不下心，
抓
呀！
我要把你武裝到牙齒，
給我把皮繃緊點！
啊……果然政治跟經濟是絕對分不開的啊……

黑熊小教室

地緣政治

以地理因素進而影響到國家與國家之間的經濟、外交、軍事等關係，包含了陸、海、空。

豪豬島—武裝到牙齒

armed to the teeth意思為「全副武裝」，美國根據《臺灣關係法》（Taiwan Relations Act）對臺出售軍武，近年又因中國以及俄烏戰爭，批准更多軍武給臺灣。

豪豬在抵抗掠食者時會射出刺反擊，造成攻擊者傷害，甚至因為拔不出刺而死。

《八一七聯合公報》

六項保證、雷根總統備忘錄

美鷹與中共於一九八二年簽署《八一七公報》，同時美國向中華民國提出「六項保證」，當時的總統雷根也同時製作了備忘錄，此備忘錄後來經美國國會決議通過背書，依循後來的《臺灣關係法》實際運作。

重點整理：

美國希望中國先別亂來，才會考慮要不要少賣武器給臺灣；美國也不會逼臺灣跟中國和談。

不可以賣武器給臺灣喔～
喔我認知到你的意思了。
*acknowledge

*acknowledge 就只是認知，但沒有同意的意思。

六、牽引世界的齒輪

哈……
哈啾!
咳咳
咳
!
2019年
12月
觀察到中國出現傳染病!好像不是普通的感冒?
散播的速度比一般疾病還要快速啊!
立刻提出警告吧!
世界衛生組織!中國境內似乎出現了新病毒!
別聽他胡說八道!
喂!這攸關人命大事啊!
你不是世界衛生組織嗎?
要我捐錢的話你應該知道要怎麼做吧。

2019年12月31日臺灣以電郵方式通報世界衛生組織。

2003年
SARS
可惡,之前跟中國做生意時就中過一次,死了好多醫護……
這次無論怎樣都不能再重演!
沒錯!絕不能讓歷史重演!
封閉所有對中國的航班交通!
也開始準備其他應對!

源自於中國武漢的肺炎很快就爆發，
貓熊們大量死亡。
待不下去了！
快逃出國！
由於飛機的便利，病毒隨著出逃的中國貓熊們迅速散播。
全世界因此都蒙上了病毒的陰影……
咳
咳
好難受！
與中國關係密切的國家，影響更大……
大量急診造成醫療崩潰，
死亡人數高速竄升……
大家都一一倒下了……
怎麼這樣……明明就有提出警告……
不能坐視不管下去！來幫忙大家吧！
對！

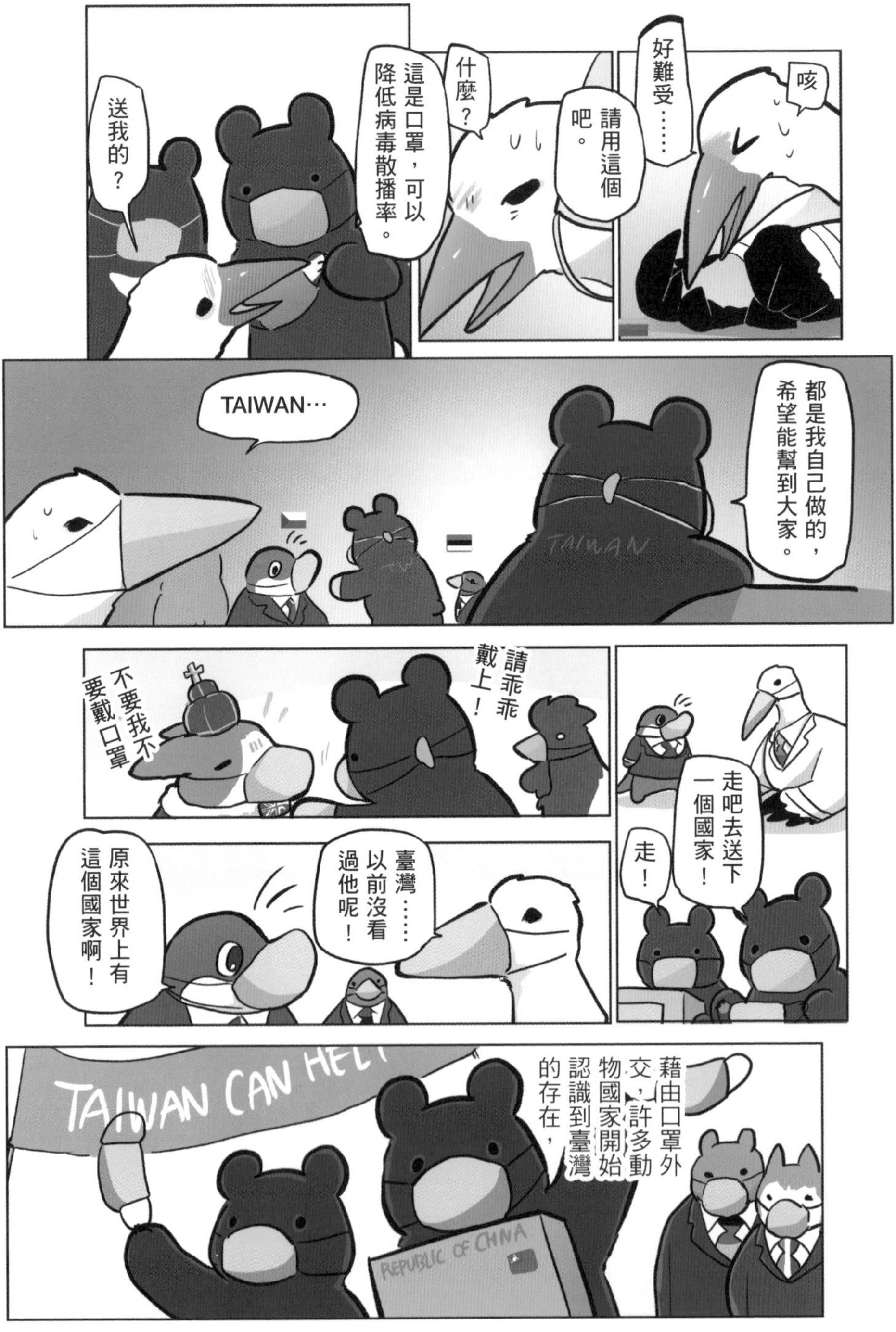
咳
好難受……
請用這個吧。
什麼？
這是口罩，可以降低病毒散播率。
送我的？
都是我自己做的，希望能幫到大家。
TAIWAN…
TAIWAN
走吧去送下一個國家！
走！
請乖乖戴上！
不要我不要戴口罩
臺灣……以前沒看過他呢！
原來世界上有這個國家啊！
藉由口罩外交，許多動物國家開始認識到臺灣的存在，
TAIWAN CAN HEL
REPUBLIC OF CHINA

臺灣！ありがとう！
三一一大地震後還受到你這麼多恩惠！
我永遠愛你！臺灣！
請保持社交距離啊日柴柴……
抱
臺灣！感謝你的幫助，
立陶宛！你恢復了嗎？
我想跟你交朋友，也想介紹你給其他動物國家！
聽說你會養穿山甲？超厲害耶！
臺灣！感謝你。
咦？
咦！
我也……
咳
咳咳！真是擾人的病毒……咳！

還沒恢復就開始工作了嗎？美鷹。
日柴。
畢竟俄羅斯那傢伙又開始不安分了嘛。
2022年烏俄戰爭。
沒有守好烏克蘭真是讓人遺憾，
戰爭確實開始了……
讓人想起了八十年前，
我剛來到亞洲時你也是到處給我添麻煩呢，呵呵。
請別損我了。
中國說：世界秩序將要重整，
沒錯，是該重整了，
臺灣將會是新秩序的核心！
你真的好厲害考慮和我互設辦事處嗎？
我也要穿山甲！
請考慮在我這蓋工廠。
哈哈沒什麼啦！
請來我們家設工廠吧！

嗚嗚！
沒想到那隻不愛洗澡又髒又臭的小鼻涕熊成長這麼快……
我當初為了教牠洗澡被咬好幾次啊……
完全陷入想當年模式了呢。
怎麼？別擔心你到時候也會有戲份的。
當年的我把臺灣當成殖民典範來栽培，
現在則是手足一般的情感，
一路看著臺灣成長，民主化，
雖然我倆已再無關係，但還是很欣慰啊……
什麼沒關係，你們不是情同手足嗎？
沒錯，三一一大地震的恩情我永遠不忘！
雖然臺灣內部有些異音，
但是民主能夠不停往正確的方向修正，
你也不再是過去到處侵略他人的帝國惡犬，
民主，將是未來你我陣線的最大共通理由。

而你頸子上的封魔繩，
日本憲法
為了守護世界和平，
總有一天能夠得到鬆綁，讓你恢復力量。
世界的和平嗎……？
很高興能和大家當朋友！
我是中華民國！
咦，中國？
不對，是中華民國！
就是CHINA啊？
Republic of China
不對，不是啦……
我是CHINA
不是CHINA…
TAIWAN
臺灣這個小傢伙啊……

其實有著比想像中更強大的力量呢。
怎麼說？
中共是個倡導鬥爭的無神論者，文革時簡直把傳統文化都破壞殆盡了。
鬥爭！打倒！
人定勝天！
來來來想賺人民幣就要學中文，
我在你們學校設孔子學院教中文！
儒
不過不可以管我要做什麼！
孔子學院也只是牠用來當作情報站的手段……
反而臺灣不但保有清朝八任皇帝的御賜孔廟匾額，
故宮國寶也在國民黨敗逃時一併運到臺灣，躲過被破壞的命運。
聖集大成
你沒事吧！這些口罩送你！
最重要的，還是那份對他人的仁慈與愛心……
綜合以上觀察，無論我怎麼看，臺灣都是所謂正統中華文化的繼承者呢。
而且啊……
而且？

想我簽文件放行？好啊，給我抽多少？還要用我的人！
想把人要回去就把公司機密交出來！
我法院判我贏，商標是我的！
……你不覺得跟臺灣做生意輕鬆多了嗎？
雖然賺了很多錢但就是不爽。
也是啦……
我去幫忙挖溫泉就被抓……
蛤？
我想把錢匯回國。
喔好啊我算算現在的匯率是……
想跑嗎？
可以啊！有限領，然後還要抽！
外匯管制！
最近越管越嚴，甚至根本不給領，只能走地下……
地下匯款抽超兇還很容易被吃。
誰叫你丟這麼多錢投資中國。
心累…
咳，總之各種合作經驗來看，
臺灣的確是「可信賴的夥伴」。
沒錯沒錯，尤其是晶片！
臺灣要在我家蓋工廠生產晶片，真是讓人放心啊！
加碼投資！！

我已經結束中東戰場，隨著俄烏戰爭的展開，
臺海將變成戰爭爆發機率最高的地方，
但是臺灣擁有世界60％的晶片產量……
你知道自己的責任了嗎，日柴。
臺灣有事，就是日本有事，
甚至全世界都會有事。
吾已逝的首相，同時也是臺灣前總統李登輝的老友——安倍晉三，一直教導我這點。
還說什麼已無關係……
你與臺灣一直都看顧著彼此啊。
我與臺灣始終同一陣線。
呵呵……
我就欣賞你分寸拿捏得宜。
TAIWAN

喔美鷹，我正在努力突破新製程呢！
這小傢伙……
雖然在地圖上小不隆咚的，
怎麼不講話？
在世界上卻是個中型的國家。
最重要的是牠有著跟我一樣的價值觀，
不再是世界上戒嚴時間最長的威權體制，
晶片製造良率世界第一，
同性可以結婚，
肚子餓啦？
要帶你去夜市吃東西嗎？
人民極為友善，
而且是個民主國家……

小傢伙……不，臺灣，
衷心歡迎你加入我的陣營。
臺灣人權指數世界排名第十一名，
儼然就是亞洲的自由燈塔，民主典範……
要選擇自由民主，還是極權獨裁陣營，
處在世界秩序的中心，臺灣的命運已經來到了關鍵的交叉點。

黑熊小教室

民主陣營

從二戰同盟國後所產生的價值概念，後來泛指美國與其盟國。主要需具備民主選舉制、言論自由、新聞自由、示威及結社等等的條件。

美國國務卿蓬佩奧
Mike Pompeo

在2020年蓬佩奧於尼克森圖書館演說《共產中國與自由世界的未來》，明確的稱共產中國為威脅自由世界的存在。

中東各國
歐盟
東南亞各國
自由世界陣營

尾聲、我的名字

我們是動物國家。
KING
QUEEN
背負自身政體的精神象徵，
以及民族的精神，
特有種生物，
種族、個性、精神都有其獨特。
有非常多大大小小的動物國家，
與你我一同生活在這個星球上。

今天，
我要向大家介紹一位值得深交的朋友，
過來吧，你不是想交朋友嗎？
對……
TAIWAN
因為複雜的政治關係，
在座的各位可能都不認識這個小傢伙，
但是我美鷹向你們保證，他絕對是值得信賴的夥伴。
做個自我介紹吧。
……
好像做夢一樣，
這幾十年來多努力都無法被承認，
加油！
你可以的！
像隱形人一樣被無視……
不准……
啊！

即使想提出警告
也不被當一回事，
世界衛生組織！中國境內似乎
別聽他胡說八道！
喂！這攸關人命大事啊！
你不是世界衛生組織嗎！
要我捐錢的話你應該知道要怎麼做吧。
還有各種無預警退貨與停止貿易的懲罰。
上千顆飛彈跟每天幾十架戰機侵擾……
永遠都無法加入的聯合國……
抱歉了，這是為了我國利益。
被冷落習慣後，現在更顯得不真實……
加油啊，不要怯場！
臺灣不會害怕的，
牠可是我認同的夥伴！
我……

我有獨立的五權分立體制，
有獨立運作的司法部門，
無論男女、貧富，
大家都能投一票，
雖然世界排名只有第二十三名，
但我擁有可以保護自己的軍隊，

我可以做出很薄很薄的晶片，還有高科技產品，
也有自己的語言和文字，
各種族群。
我喜歡做生意賺錢錢，
因為我最喜歡錢錢了！
我也想要繼續幫助其他動物國家，
無論我們之間是不是有正式的邦交關係……！

雖然在座的
各位可能因為
某些關係，
而不願意承認
我的存在，
願為世界
TAIWAN
但是……

我也想要……
成為跟大家一樣的動物國家！
說得好！
加油！
最後……
嘖！

我的名字叫臺灣！

哇嗚嗚嗚臺灣長大了嗚嗚……
把鼻涕擦一擦。

一本書太短，路卻還很長。

作者後記

終於活著把這本《動物國家》做完、出版，這是我目前出的十多本商業書中最難的一本書……難怪沒人要做戰後史，有夠難。

戰後史真的是臺灣歷史學界的一大黑洞，因為必須同時跨國際政治、地緣政治、他國歷史、戰爭、民族主義等等各種大題目，每寫一句臺詞就要查很多資料（像是中國民族主義），還好我大腿朋友很多，感謝在這段時間被我拚命抱腿的友人們，真的很感謝。

我總有種「我真的夠格做臺灣的歷史漫畫嗎？」的自卑感，所以先前跑去讀研究所，也遇到了陳宗仁教授。

嚴謹的態度、有組織的寫作方式，是我們浪漫創作人最欠缺的，課堂報告時教授曾說我的結論太過浪漫，我只好支吾的說我其實是個漫畫家，老實講因為非本科系出身，就和我讀美術系時也因為非本科系，教授們總覺得我是在浪費別人時間一樣。

不過陳教授在看了我帶來的作品後，很驚訝的說：「報告不重要，我們就需要你這種人！」聽到時真的很感動，的確我不適合當個史料研究者，但我擅長將文謅謅的資料轉化為淺顯易懂的圖像，讓所有人都「有興趣」看。

這是《動物國家》最後成功完成的契機，我最感謝的人是陳宗仁教授，也很榮幸他答應擔任這本書的顧問，雖然改的過程實在是慘烈到讓我想起猛抱同學大腿寫報告的時光。

陳教授教的是《海洋史》，過去我們看臺灣總習慣把地圖放大、再放大，看哪個城鄉縣市，但海洋史的概念是把地圖縮小，縮至整個亞洲、甚至全世界，《動物國家》就是以這樣的概念做成，也是我覺得臺灣史最重要的——臺灣是個海島國家，我們應該了解自己在這片海洋的位置所具有的重要性。

雖然有這麼遠大的雄心，還是多處被陳教授說應該要把舊觀念部分去掉，課本有的錯誤觀念莫再重提，儘管現在各位看到的版本已經是我看完前故宮院長吳密察所寫的〈台灣史的成立及其課題〉後全部打掉重畫的版本（這篇期刊刊登時我才四歲……）。

總之，因為以上巨人前輩們的肩膀如此寬厚，大腿粗勇，年輕資淺又草率如我才能做出這本《動物國家》。

最後，我最喜歡的篇幅是黑熊媽媽帶著家中剩下的兒子去投票，並告誡以後一定要來投票的那一幕；希望臺灣黑熊的民主能夠持續下去，每一代都能繼續自由自在的投票。

二〇二四年一月十二日

寧欣

TAIWAN

參考資料

史料

ぎょくおんほうそう（玉音放送）。日本宮內廳。一九四五年八月十五日。

《共產中國與自由世界的未來》。蓬佩奧演說。於加州尼克森總統圖書館。二〇二〇年七月二十三日。

《舊金山和約》。一九五一年九月八日。

《懲治叛亂條例》。全國法規資料庫。一九四九－一九九一年五月二十二日。

期刊、書籍

〈台灣史的成立及其課題〉。《當代》第一〇〇期。吳密察著。一九九四年八月一日。

〈詹益樺的日記〉。《自由時代周刊》二七七期。一九八九年五月二十一日

《教會公報》一八二五期。臺灣教會公報社。一九八七年二月二十日。

《重修臺灣縣志・卷二》。魯鼎梅纂修。一七五一。

《流麻溝十五號：綠島女生分隊及其他》。作者：曹欽榮、鄭南榕基金會。書林出版有限公

司。二〇一二。
《許世賢傳奇：嘉義媽祖婆》。紀展南著。三民。二〇〇七。
《臺灣總督府警察沿革誌》第一、二編。臺灣總督府警務局編。二〇〇五、二〇〇八。
《撲火飛蛾：一個美國傳教士親歷的台灣白色恐怖》。唐培禮著、賴秀如譯。允晨文化。二〇一一。
《鐵絲網上的小花》。英諾桑提著。格林文化。一九九四。

圖片

〈福建省圖〉。《皇輿全覽圖》。馮秉。臺灣歷史博物館。一七三五。
〈臺灣鐵道路線圖〉。《臺灣》。臺灣總督府交通局鐵道。臺灣歷史博物館。一九二五。

歌曲

〈黃昏的故鄉〉。詞：文夏。一九五八。

FUN系列 103

動物國家：我的名字

作　者—蠢羊
主　編—尹蘊雯
責任編輯—王瓊苹
責任企劃—吳美瑤
美術設計—FE設計
文字校正—廖培伶
內頁排版—洪伊珊
副總編—邱憶伶
董事長—趙政岷
出版者—時報文化出版企業股份有限公司
一〇八〇一九臺北市和平西路三段二四〇號三樓
發行專線—（〇二）二三〇六六八四二
讀者服務專線—（〇八〇〇）二三一七〇五・（〇二）二三〇四七一〇三
讀者服務傳真—（〇二）二三〇四六八五八
郵撥—一九三四四七二四　時報文化出版公司
信箱—一〇八九九臺北華江橋郵局第九九信箱
時報悅讀網—http://www.readingtimes.com.tw
電子郵件信箱—newlife@readingtimes.com.tw
時報出版愛讀者粉絲團—http://www.facebook.com/readingtimes.2
法律顧問—理律法律事務所 陳長文律師、李念祖律師
印刷—勁達印刷有限公司
初版一刷—二〇二四年二月二日
初版二刷—二〇二四年三月二十一日
定價—新臺幣三二〇元

時報文化出版公司成立於一九七五年，並於一九九九年股票上櫃公開發行，於二〇〇八年脫離中時集團非屬旺中，以「尊重智慧與創意的文化事業」為信念。

動物國家：我的名字/蠢羊著. -- 初版. -- 臺北市：時報文化出版企業股份有限公司, 2024.02
144面；14.8×21公分
ISBN 978-626-374-817-0(平裝)

1.CST: 臺灣史 2.CST: 漫畫

733.21　　112022322

ISBN 978-626-374-817-0
Printed in Taiwan